CÛmo dibujar para ninos

Young Scholar

Young Scholar
An imprint of Ciparum LLC

CÛmo dibujar para ninos
© 2017 Ciparum LLC
All rights reserved.
ISBN-10: 1-63589-492-1
ISBN-13:978-1-63589-492-9

www.youngscholar.co

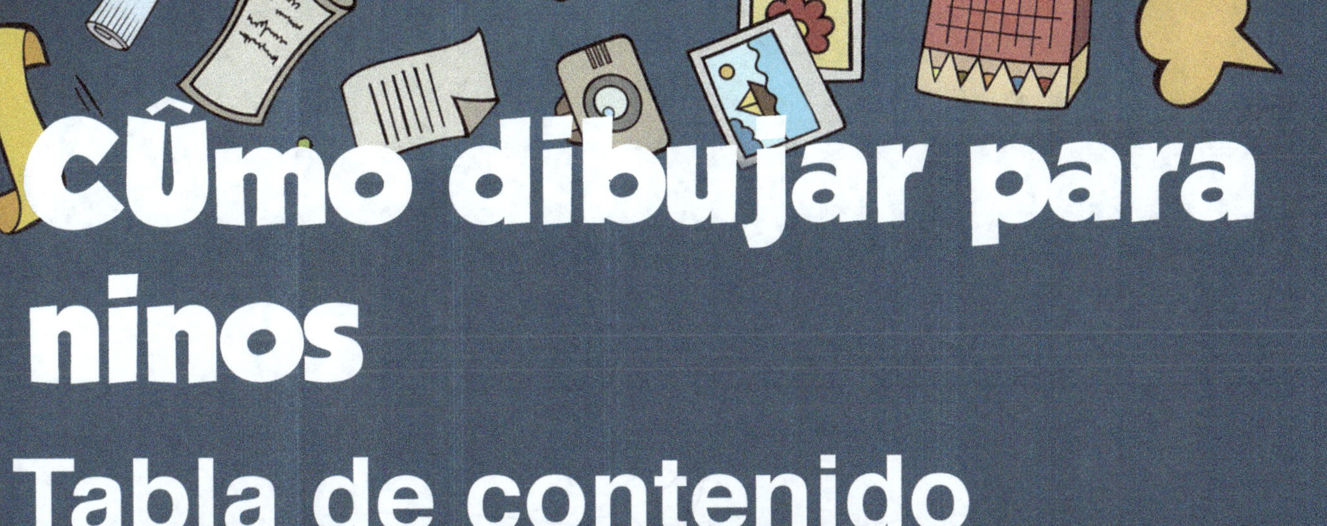

Cûmo dibujar para ninos

Tabla de contenido

Caimán

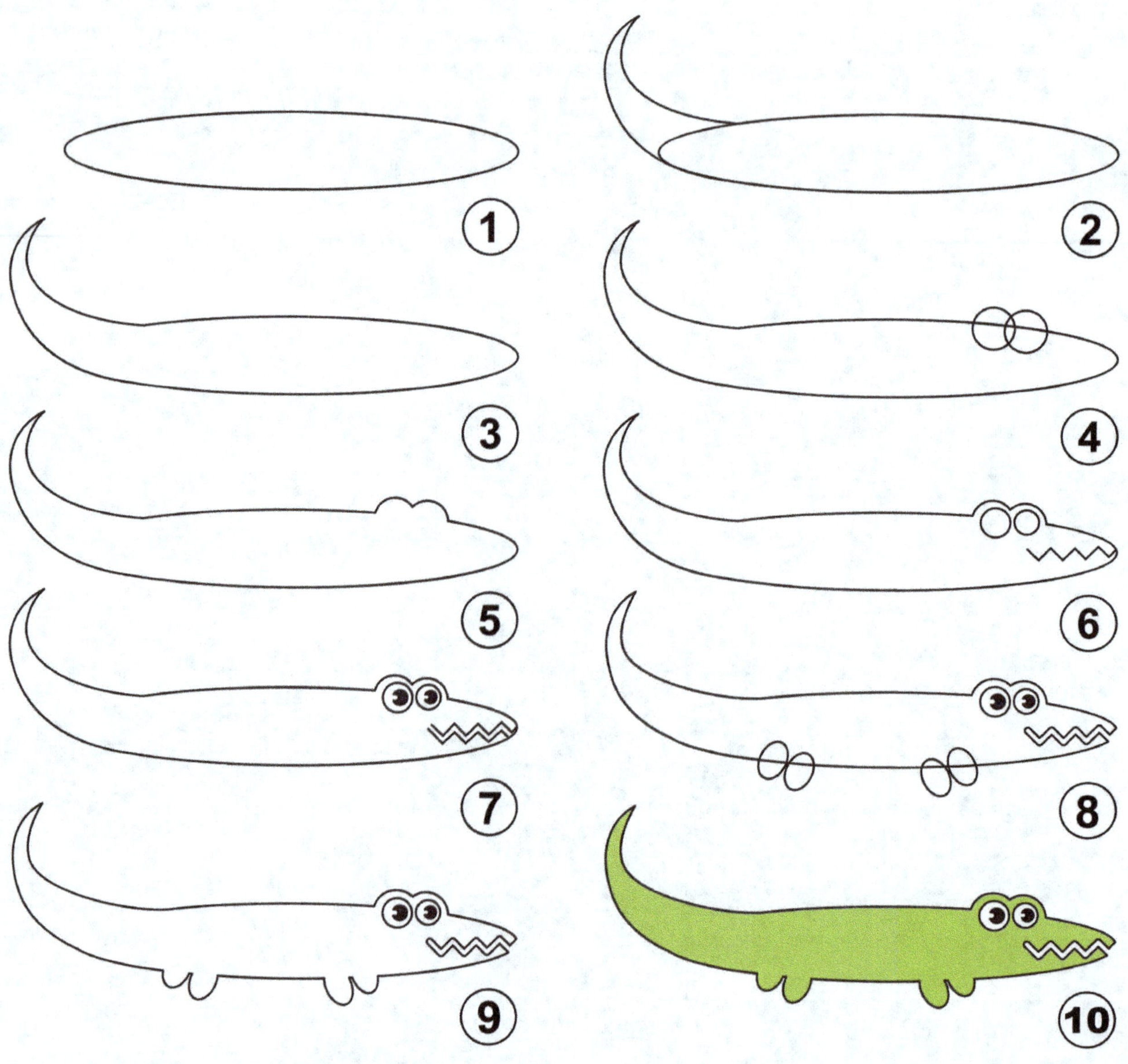

Hormiga

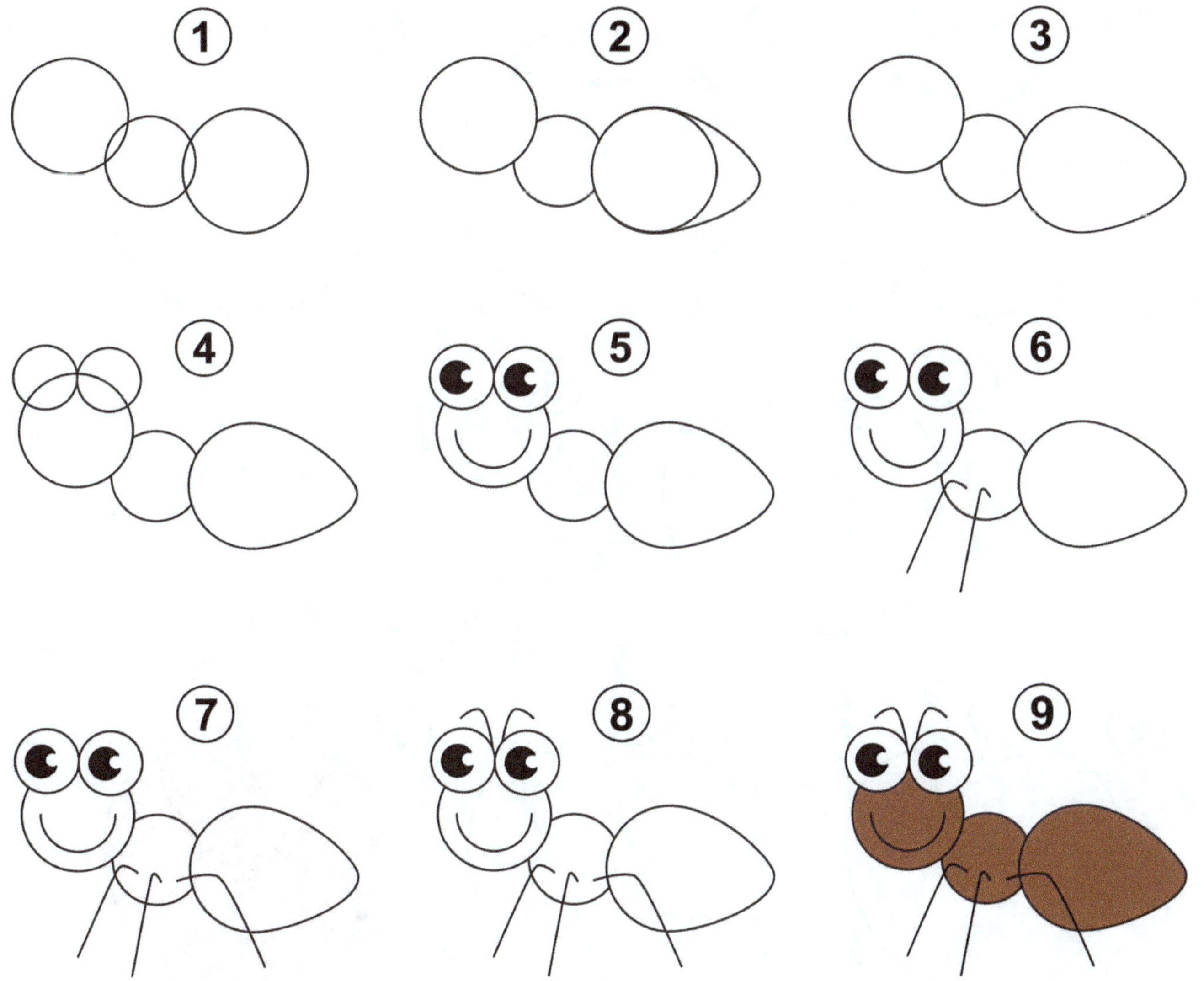

Manzana

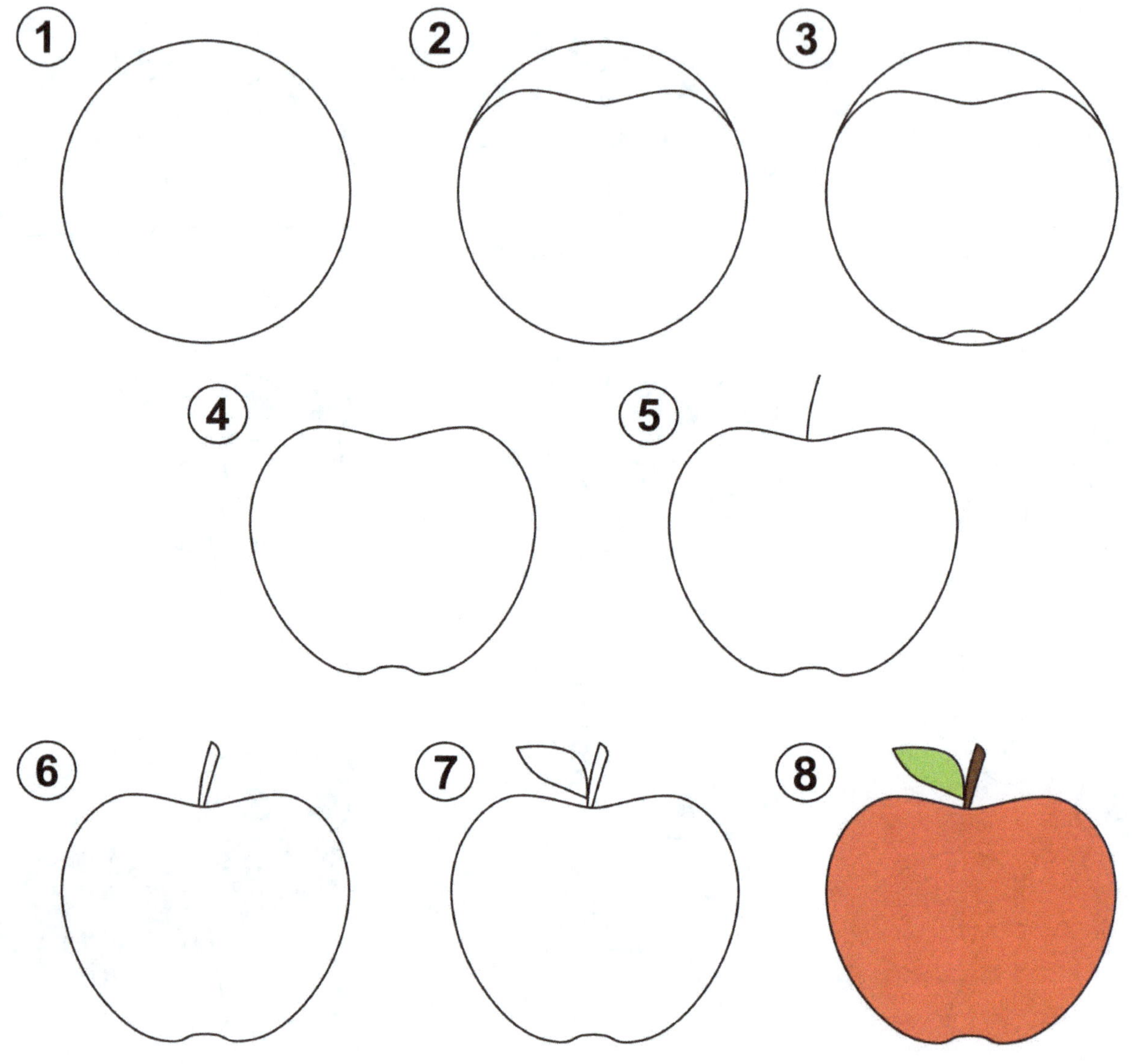

Balones

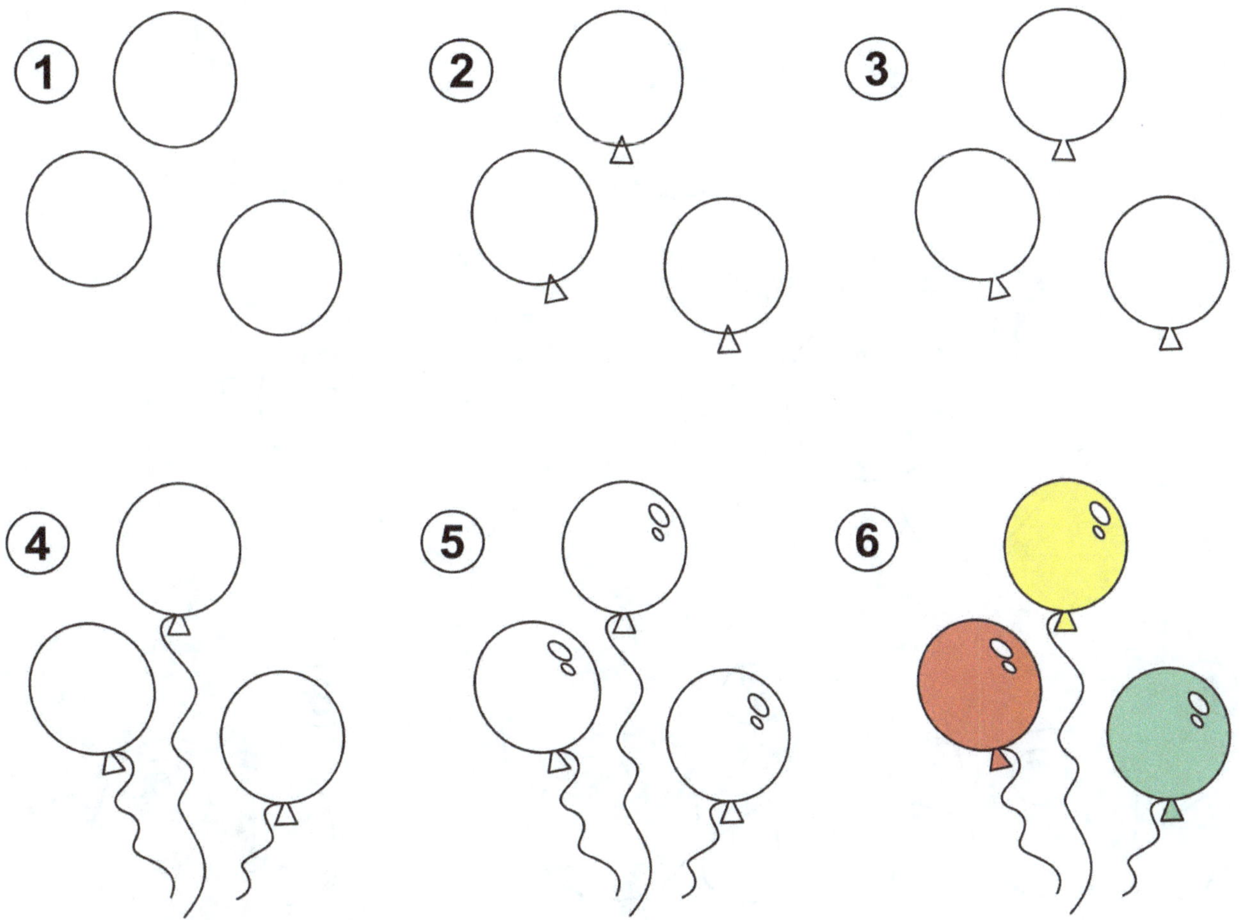

Pájaro

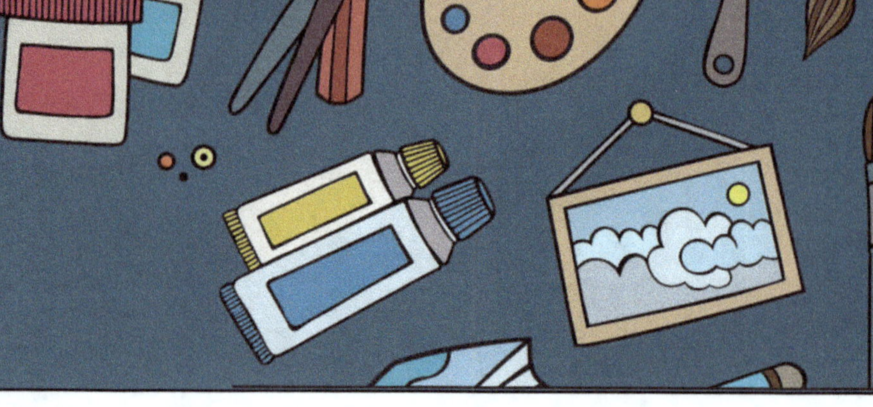

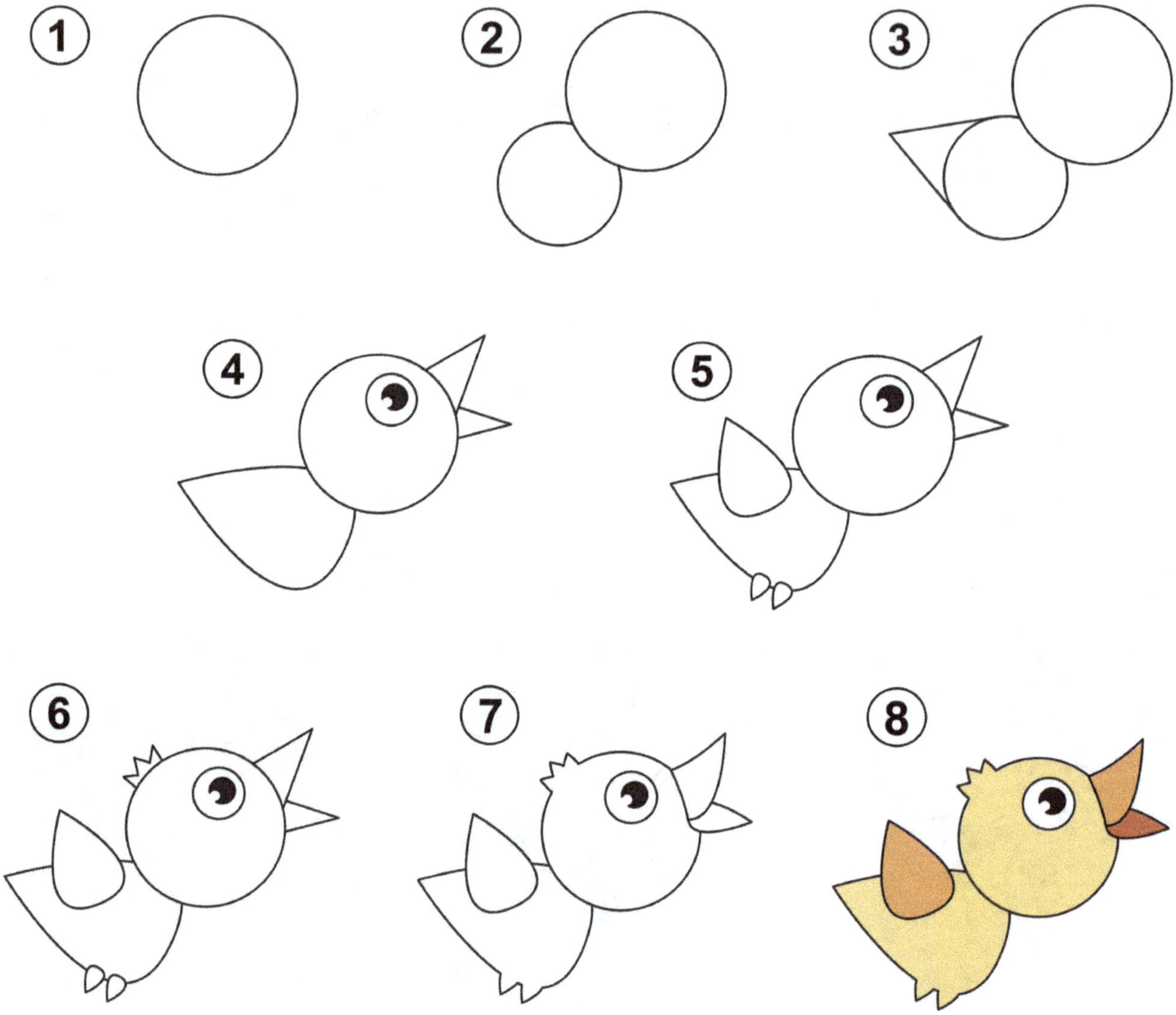

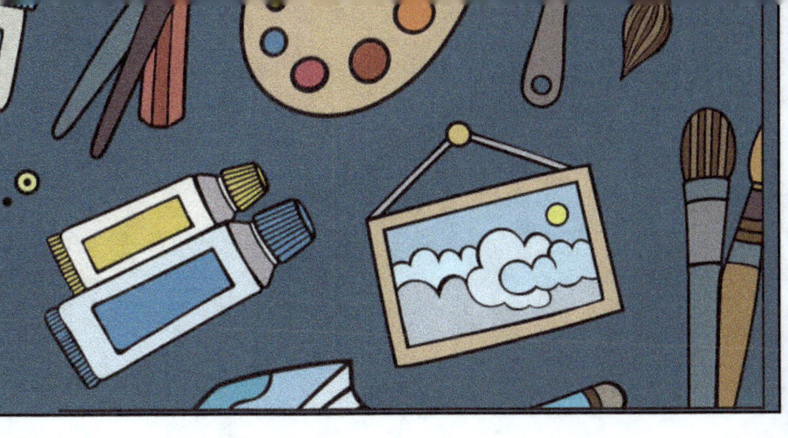

Rama de Blassom

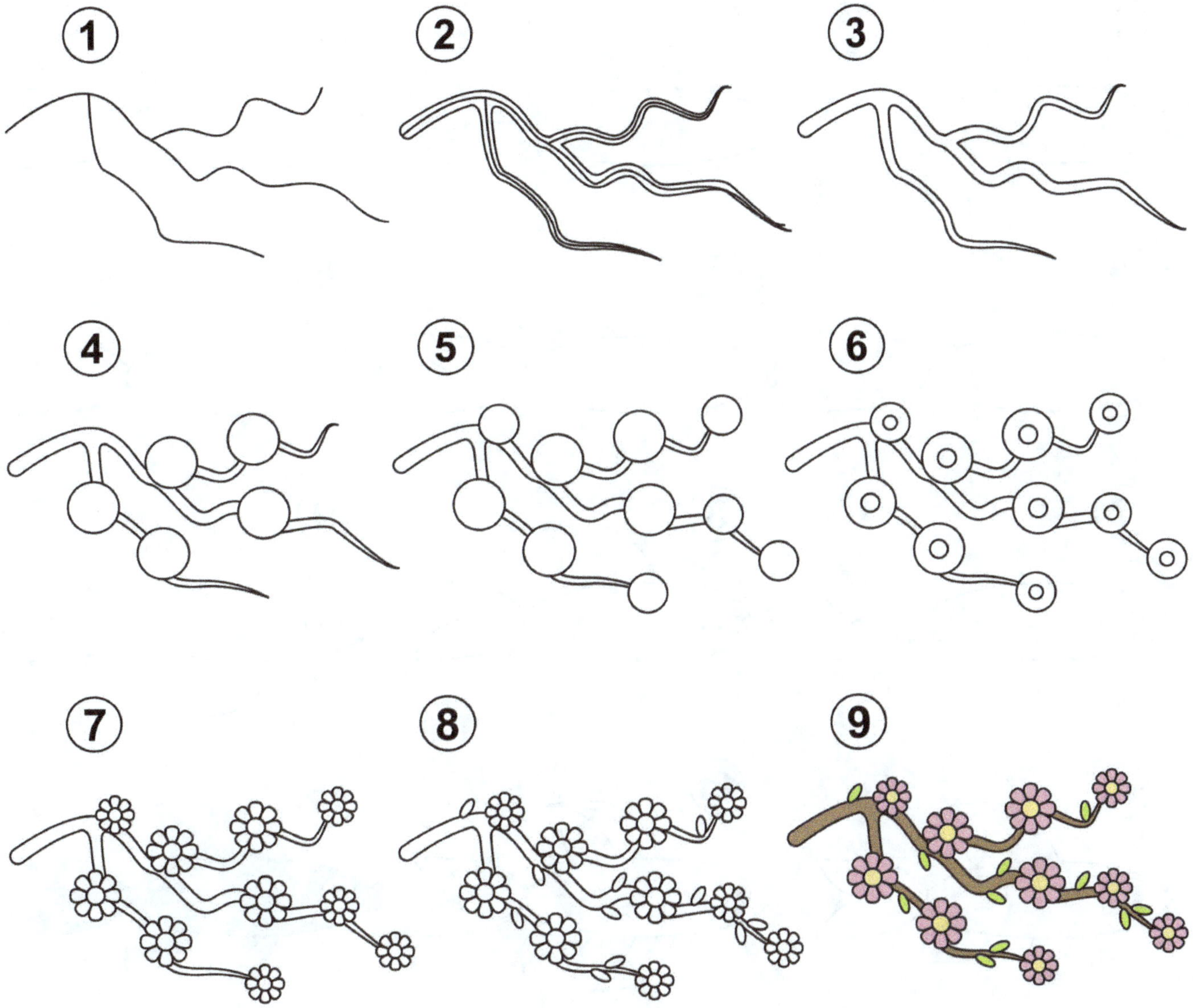

① ② ③
④ ⑤ ⑥
⑦ ⑧ ⑨

Pescado azul

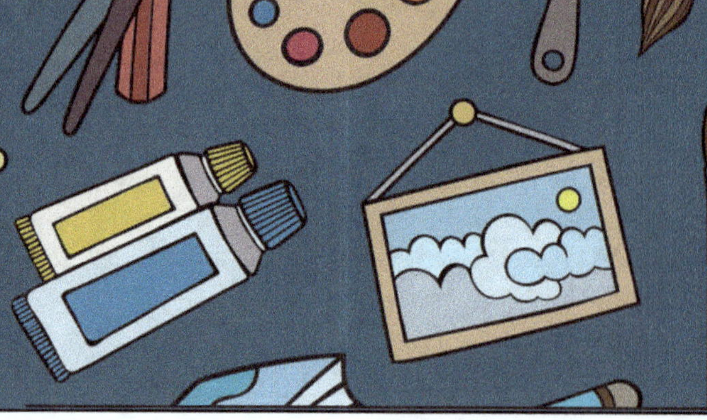

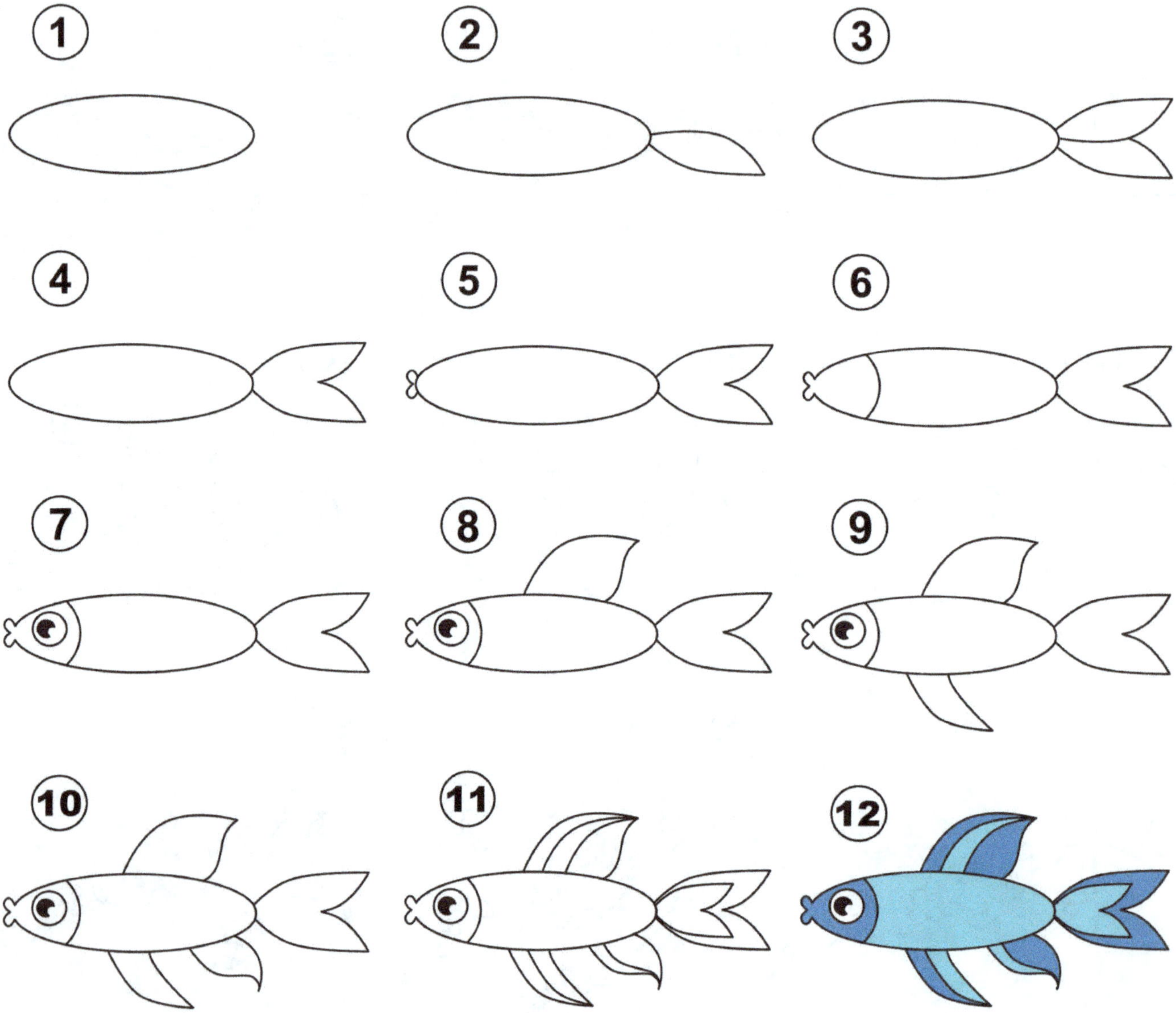

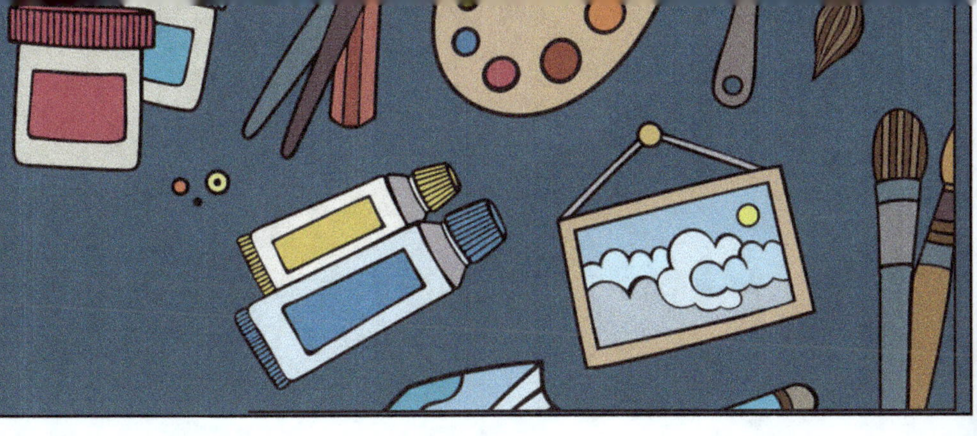

Flor de Bluebell

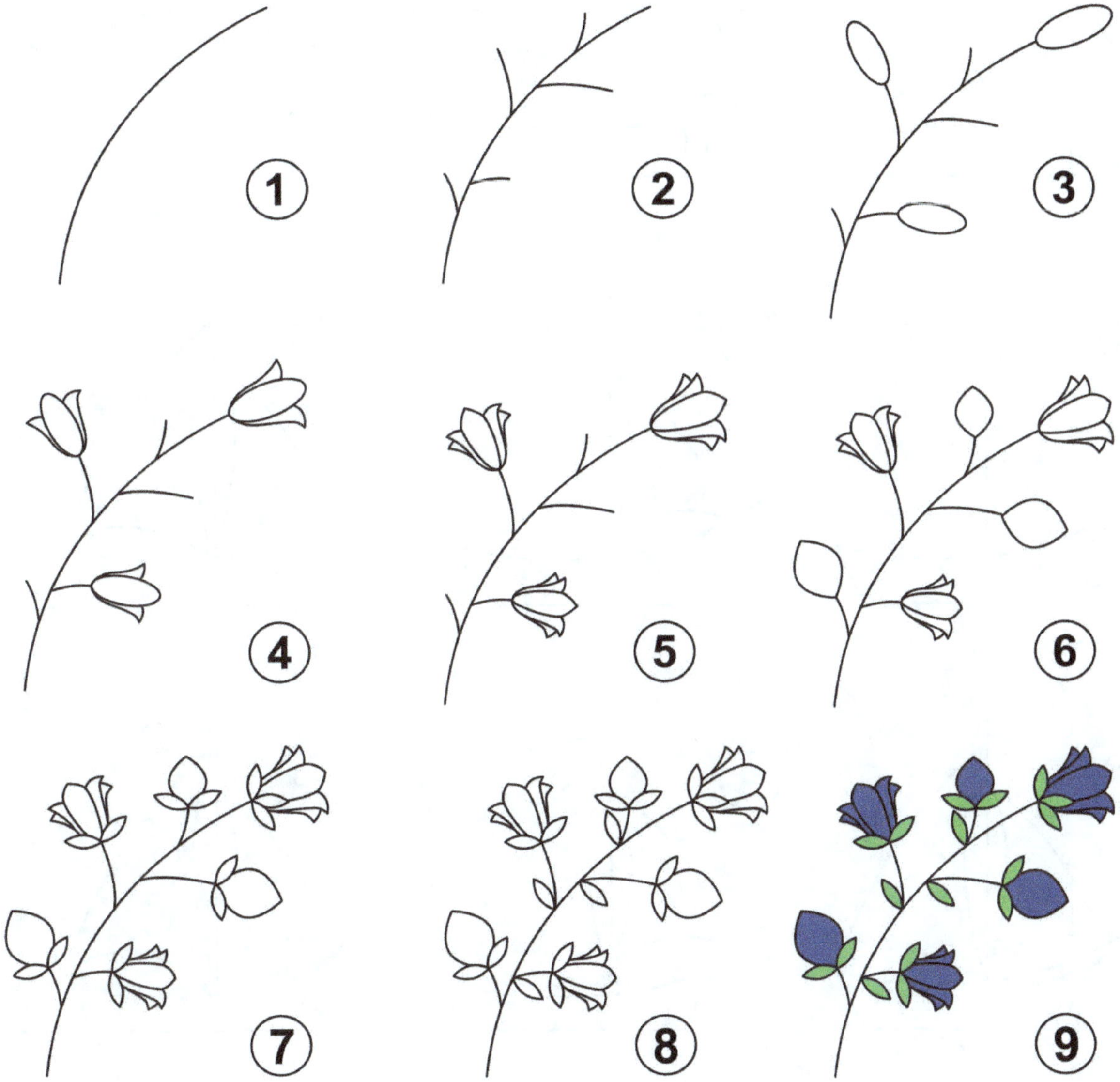

Barco

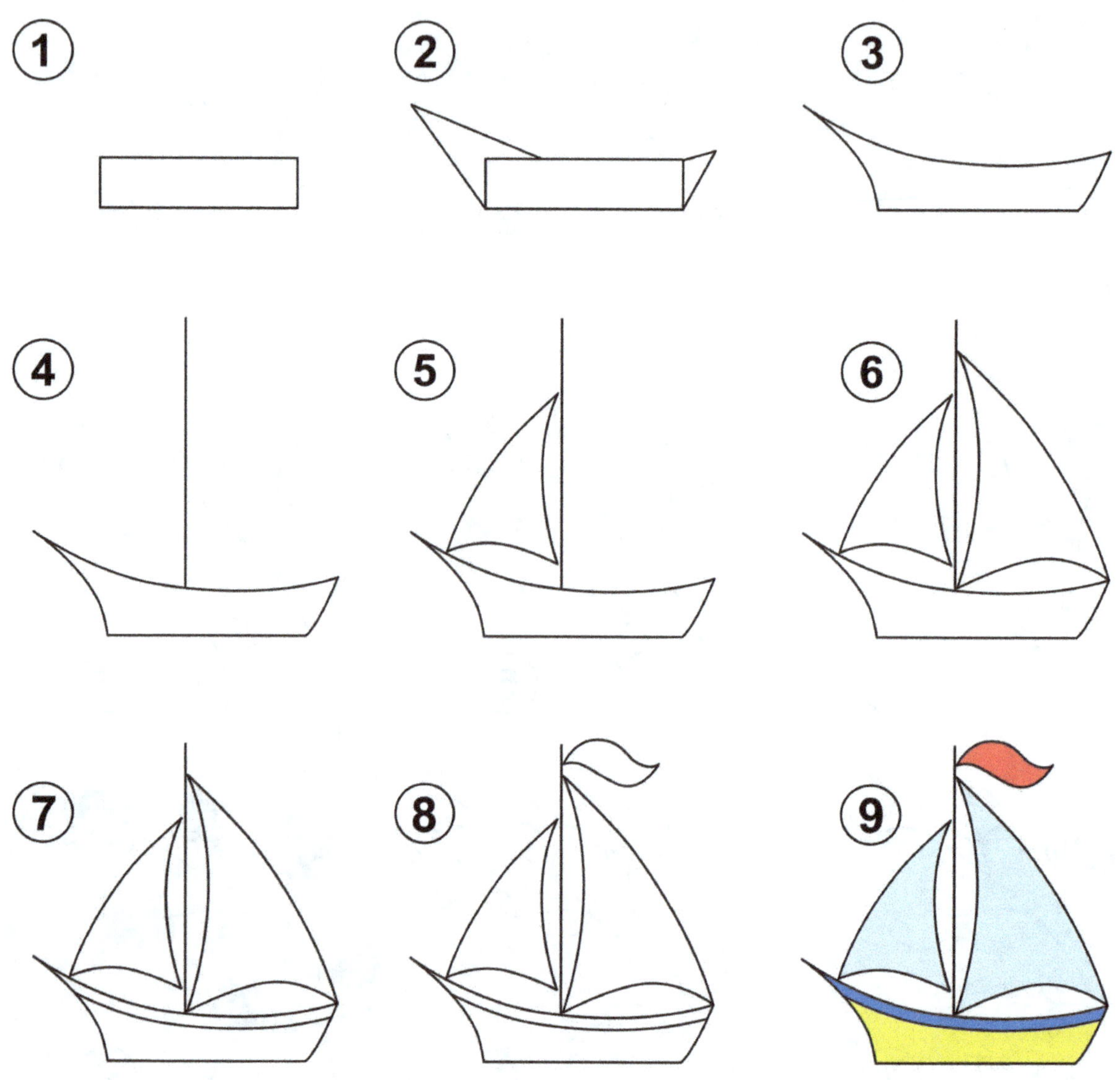

Botella

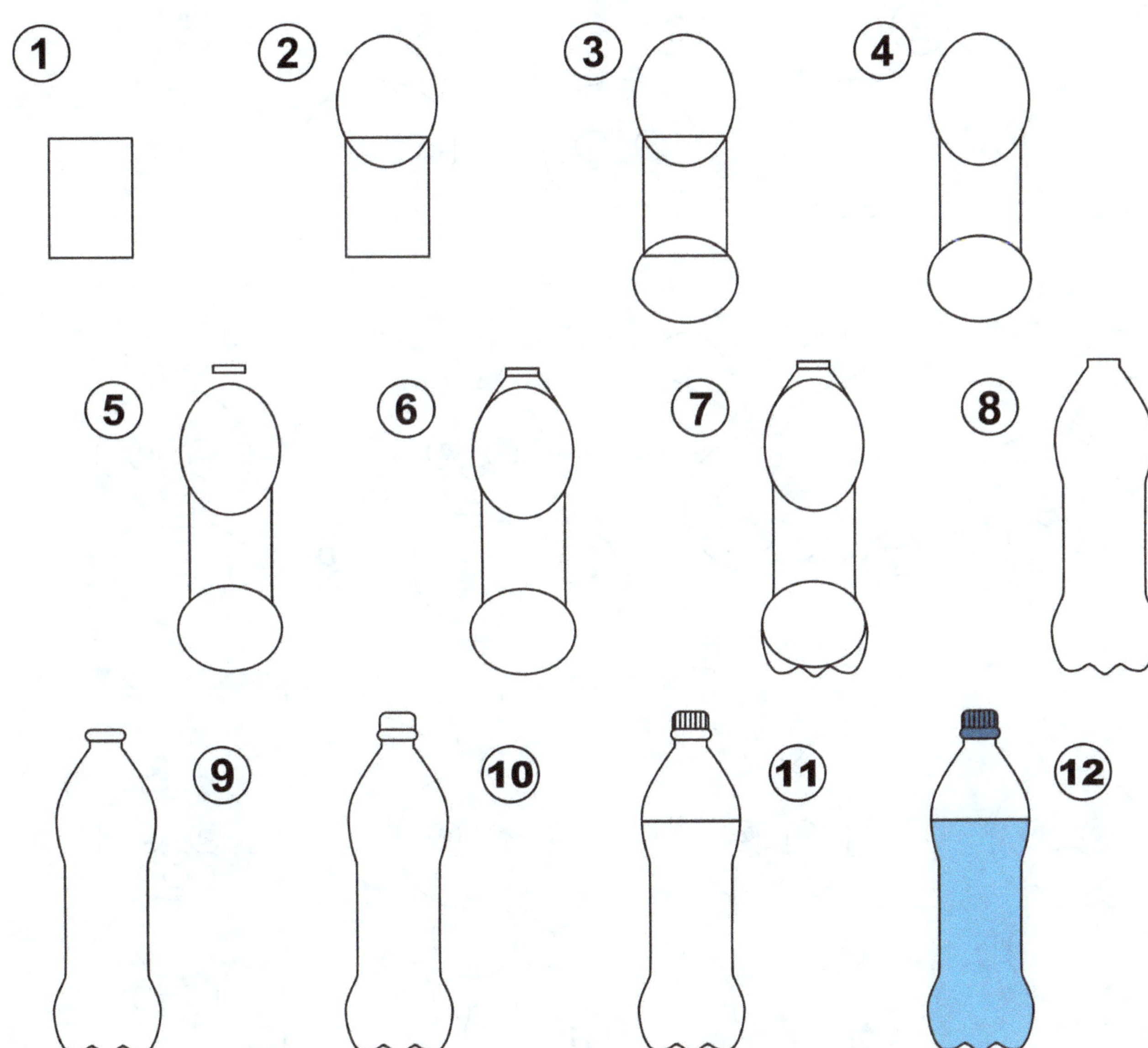

Conejito

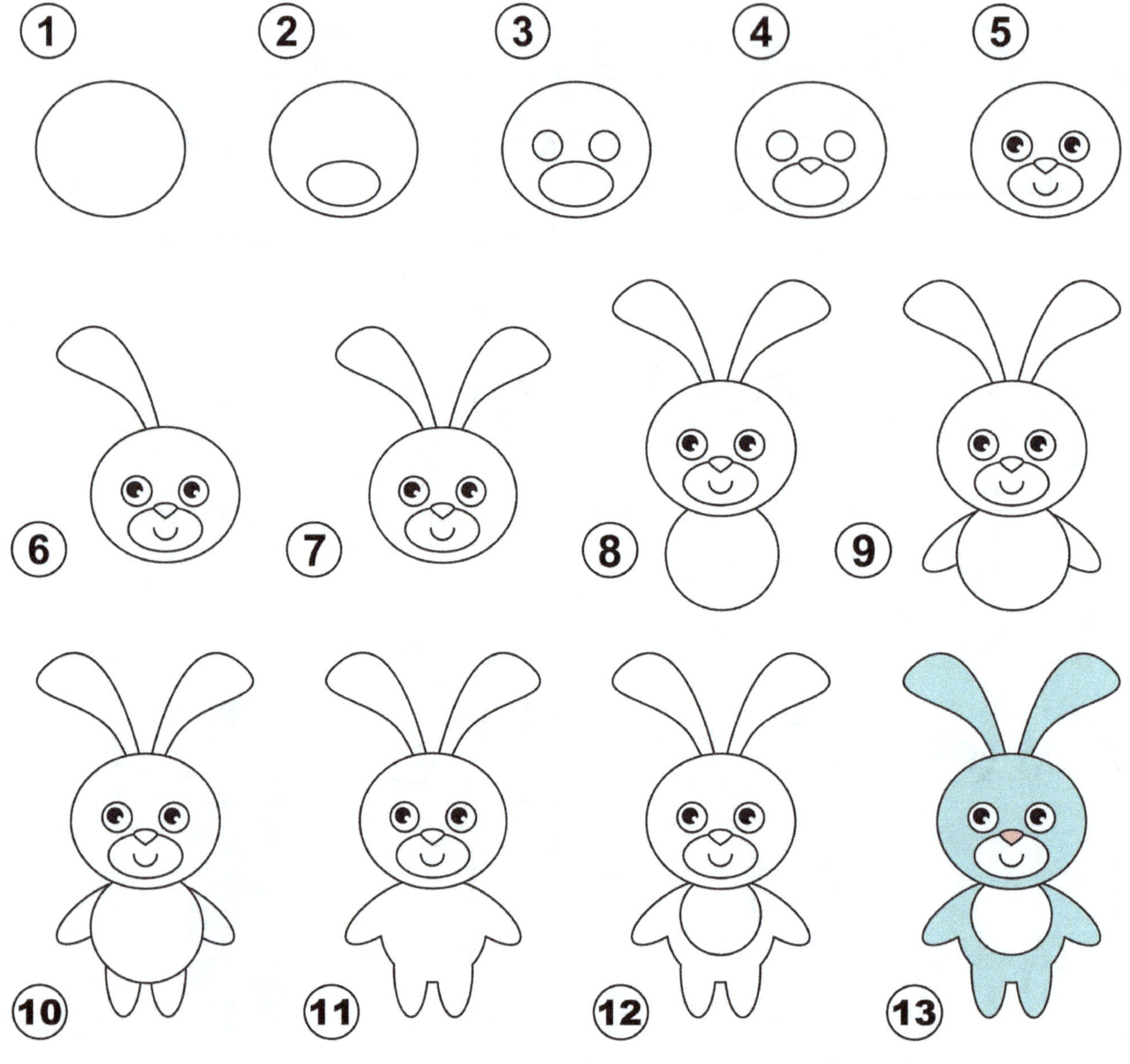

Mariposa

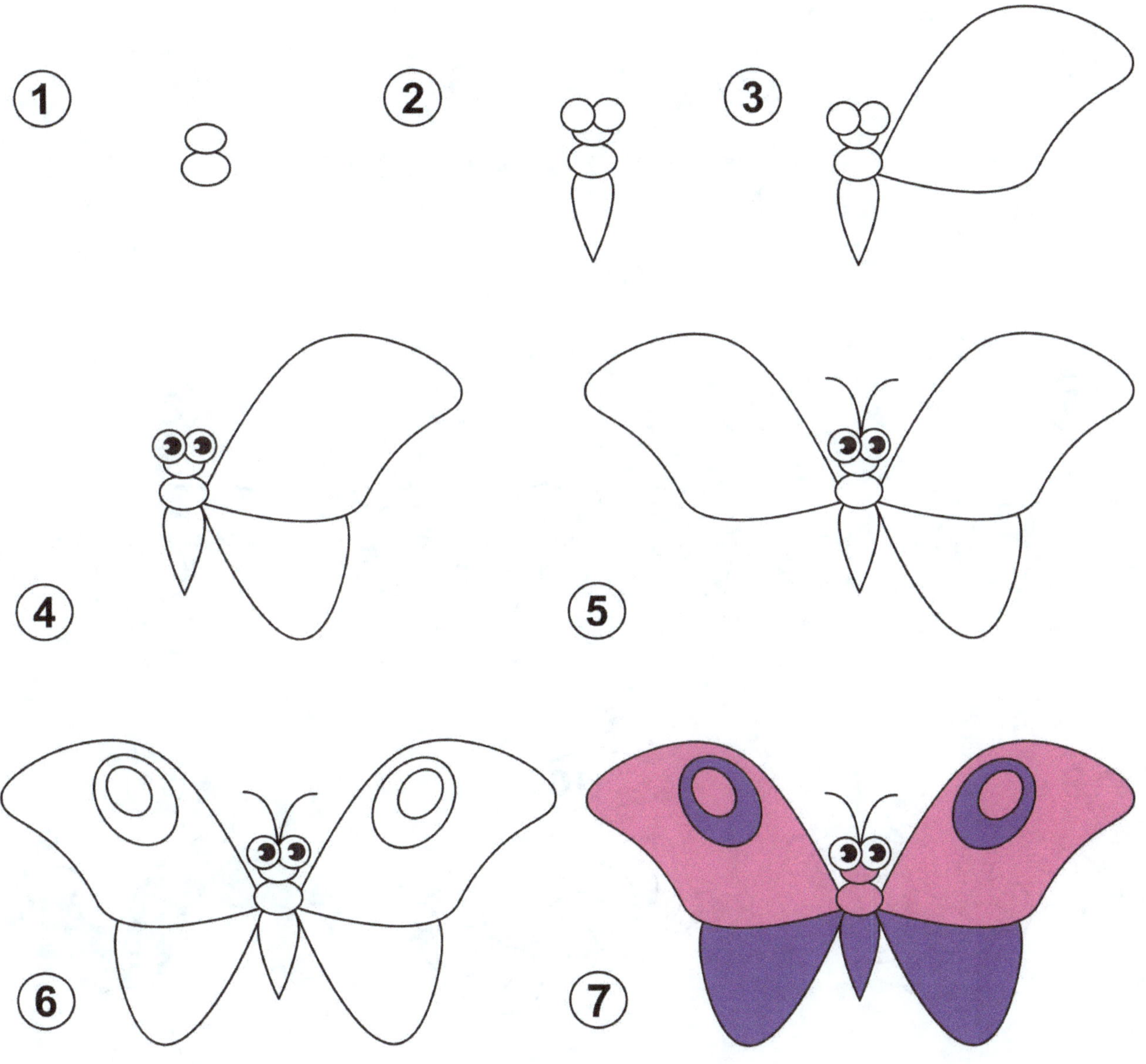

Oruga

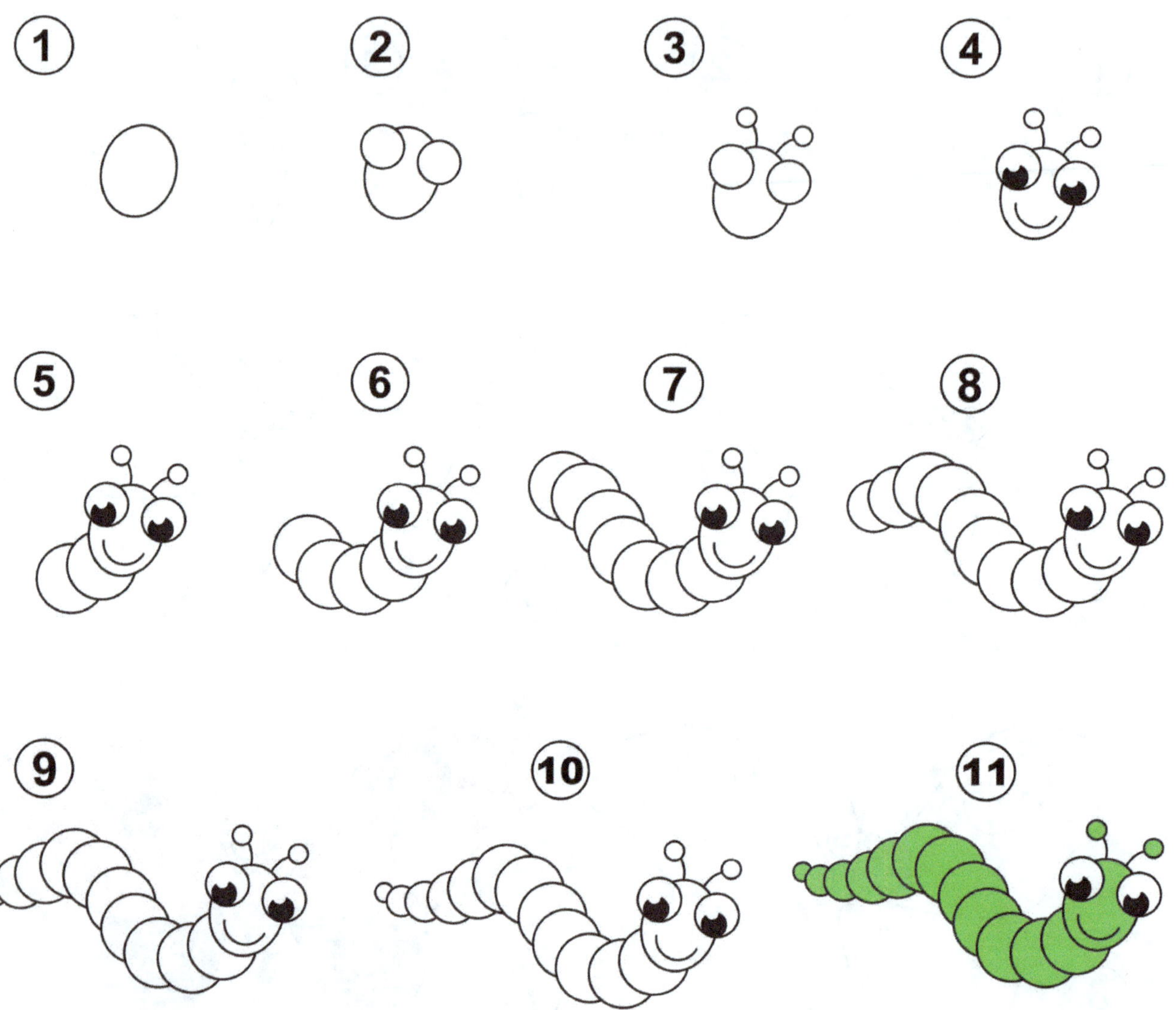

Cereza

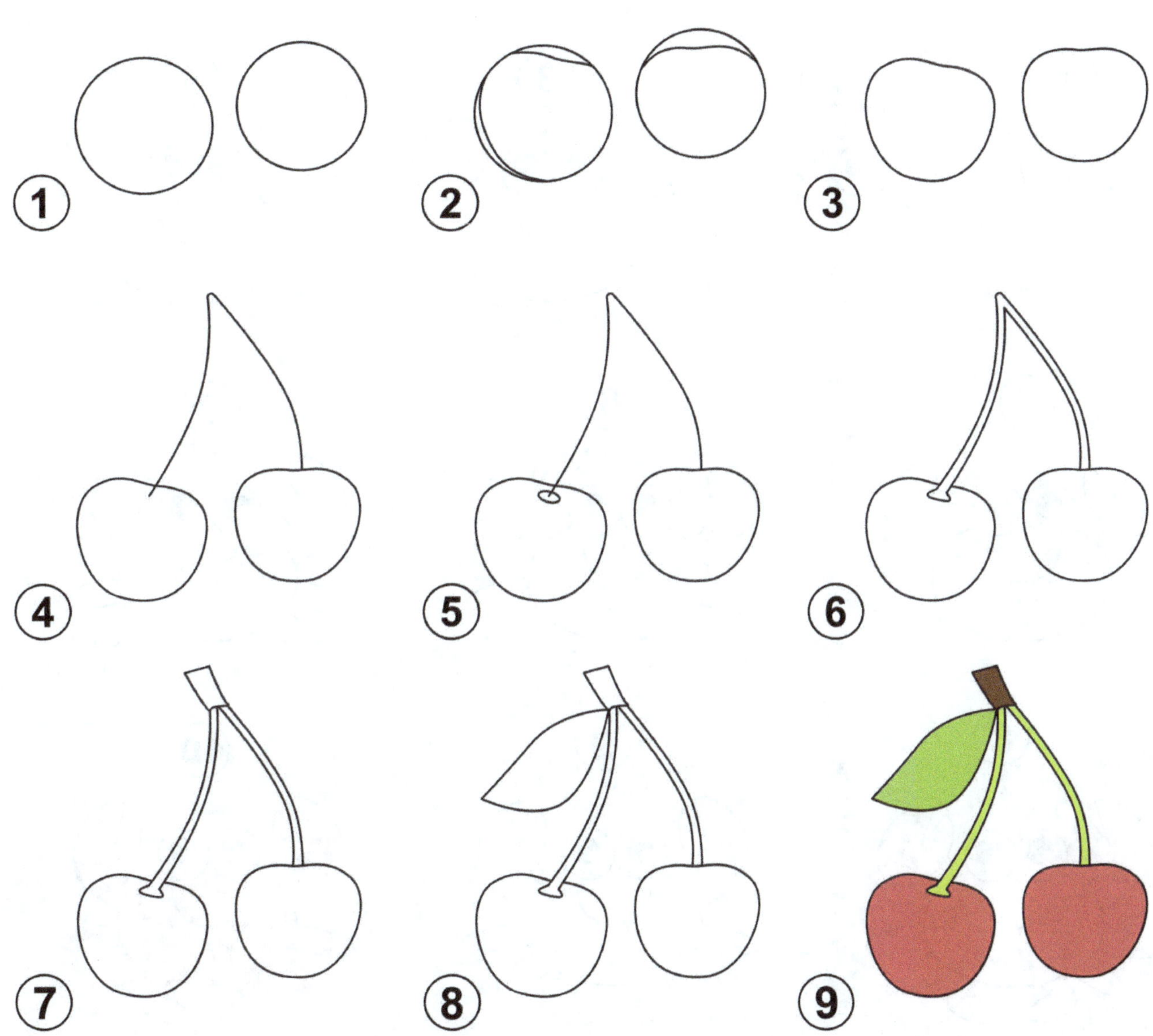

Cangrejo

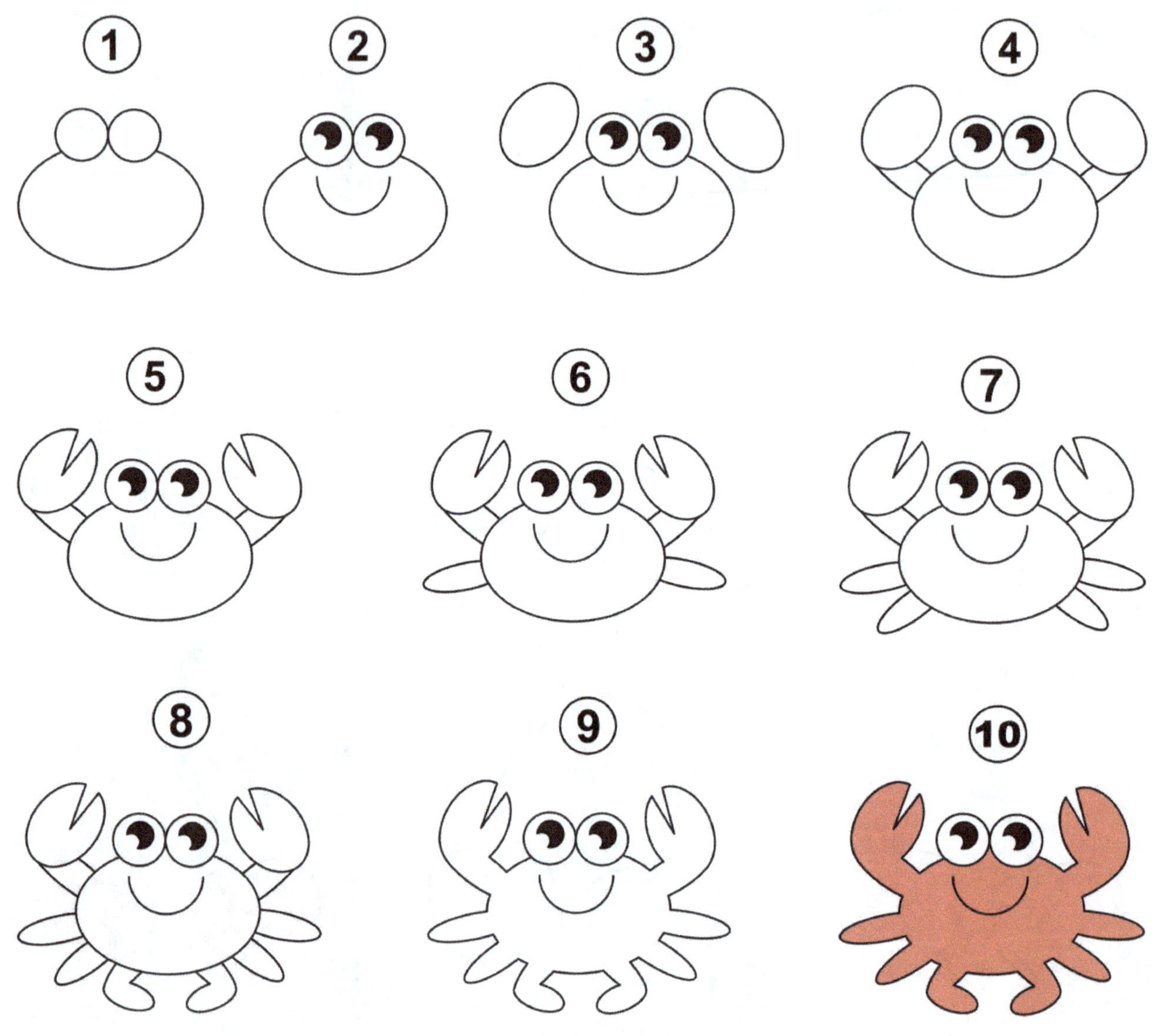

Cangrejo de río

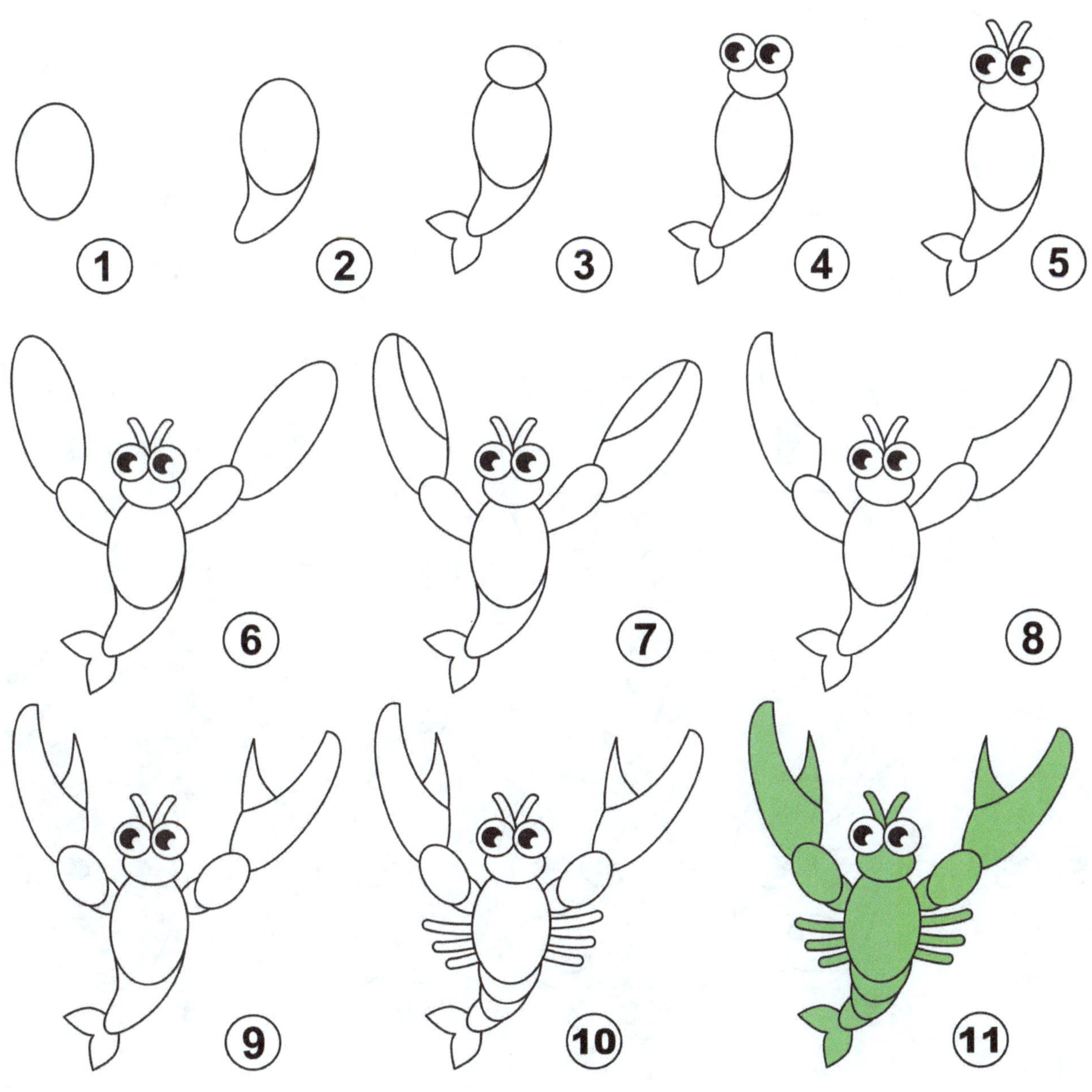

Cabeza de venado

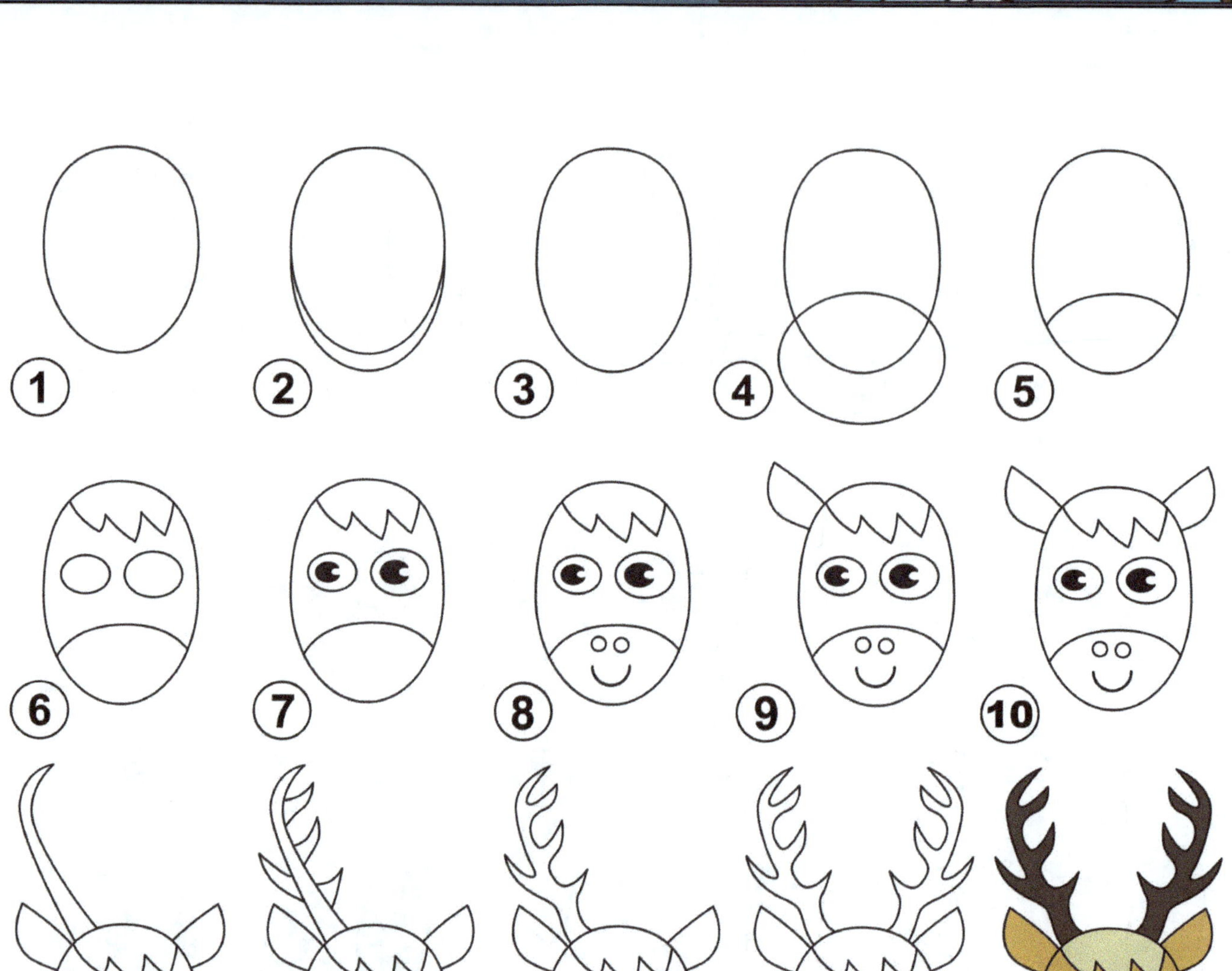

Delfìn

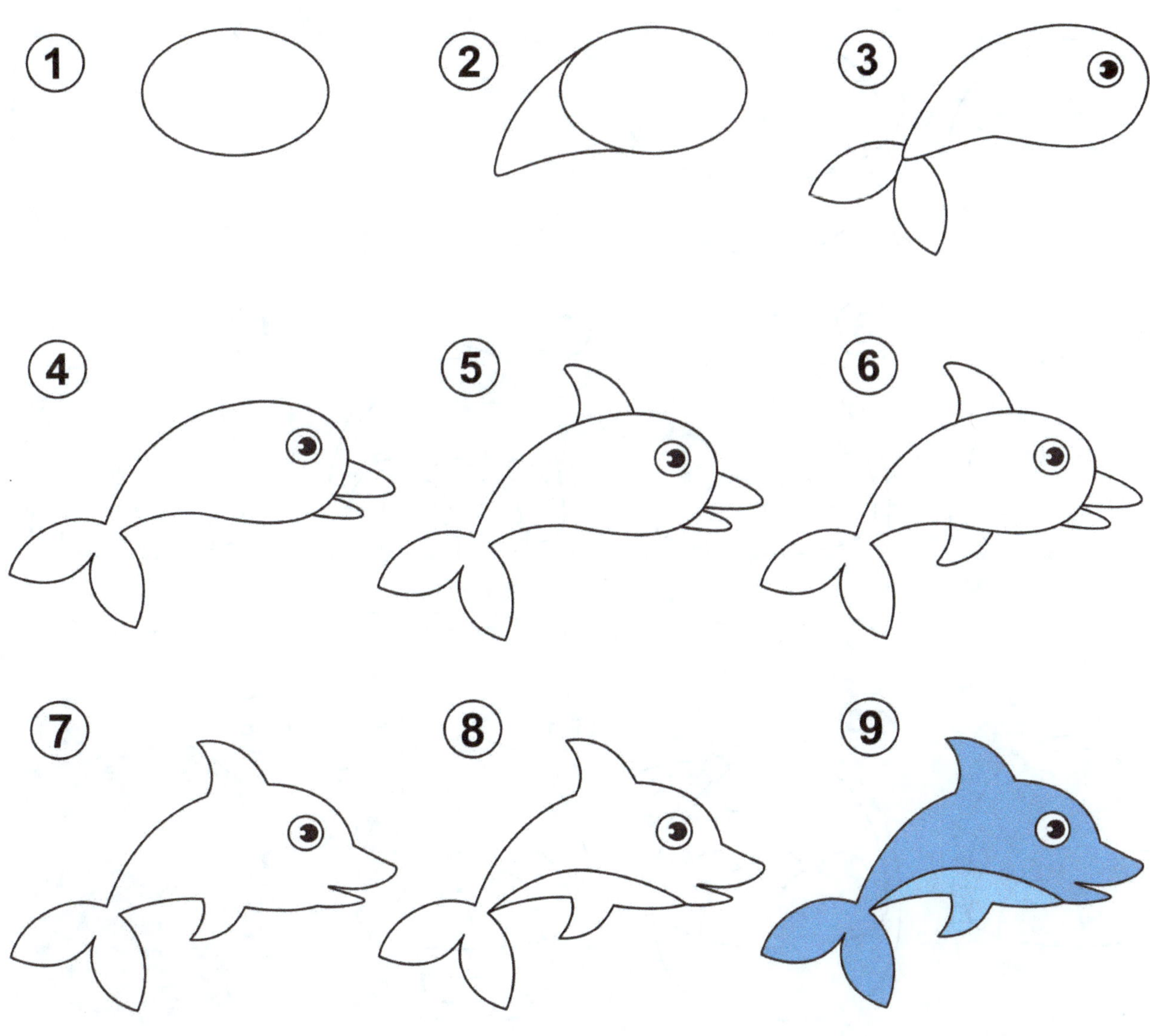

Canasta de Pascua

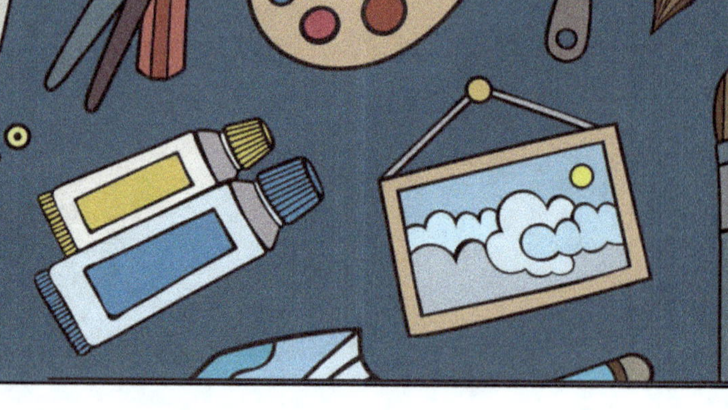

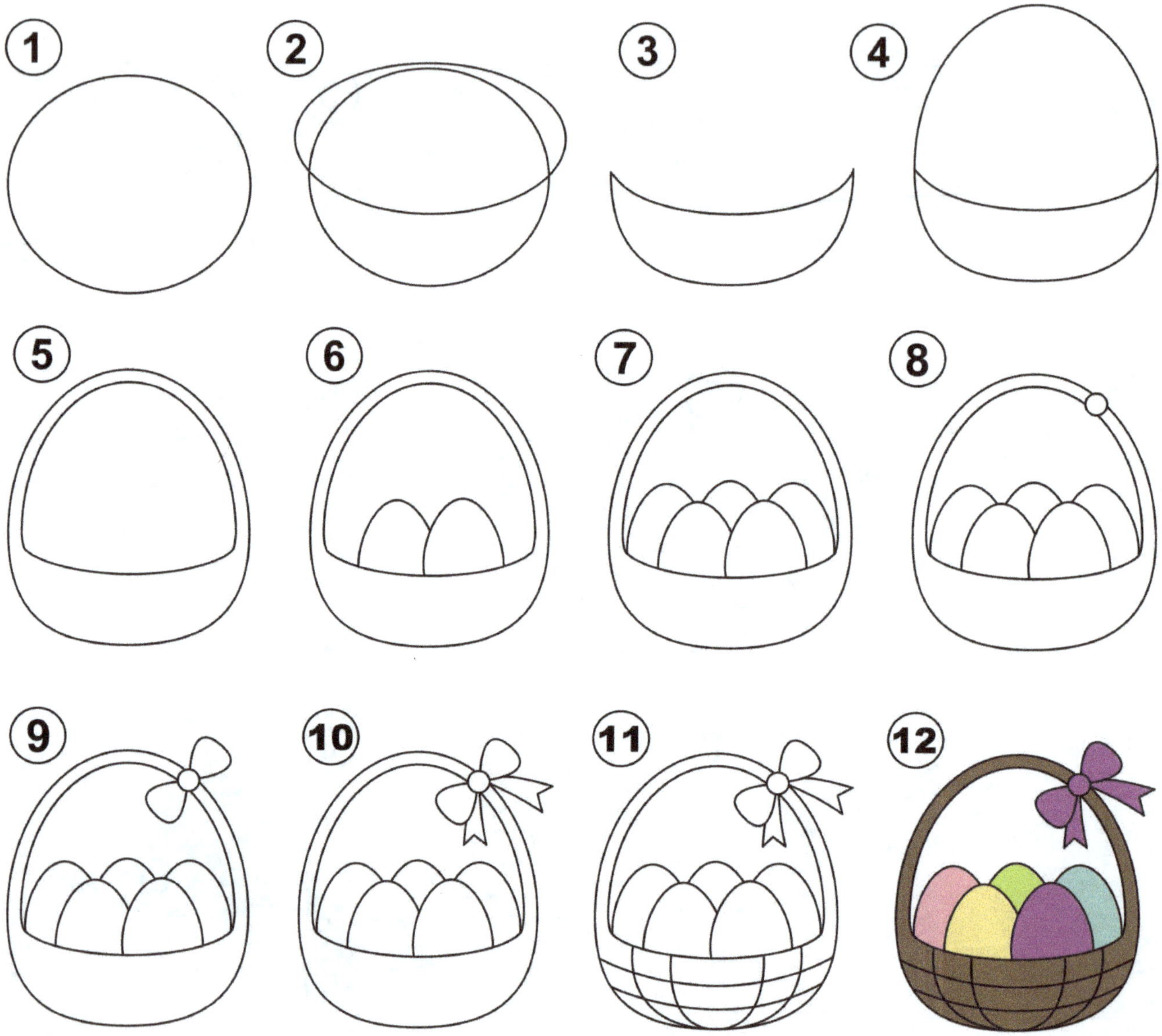

Elefante

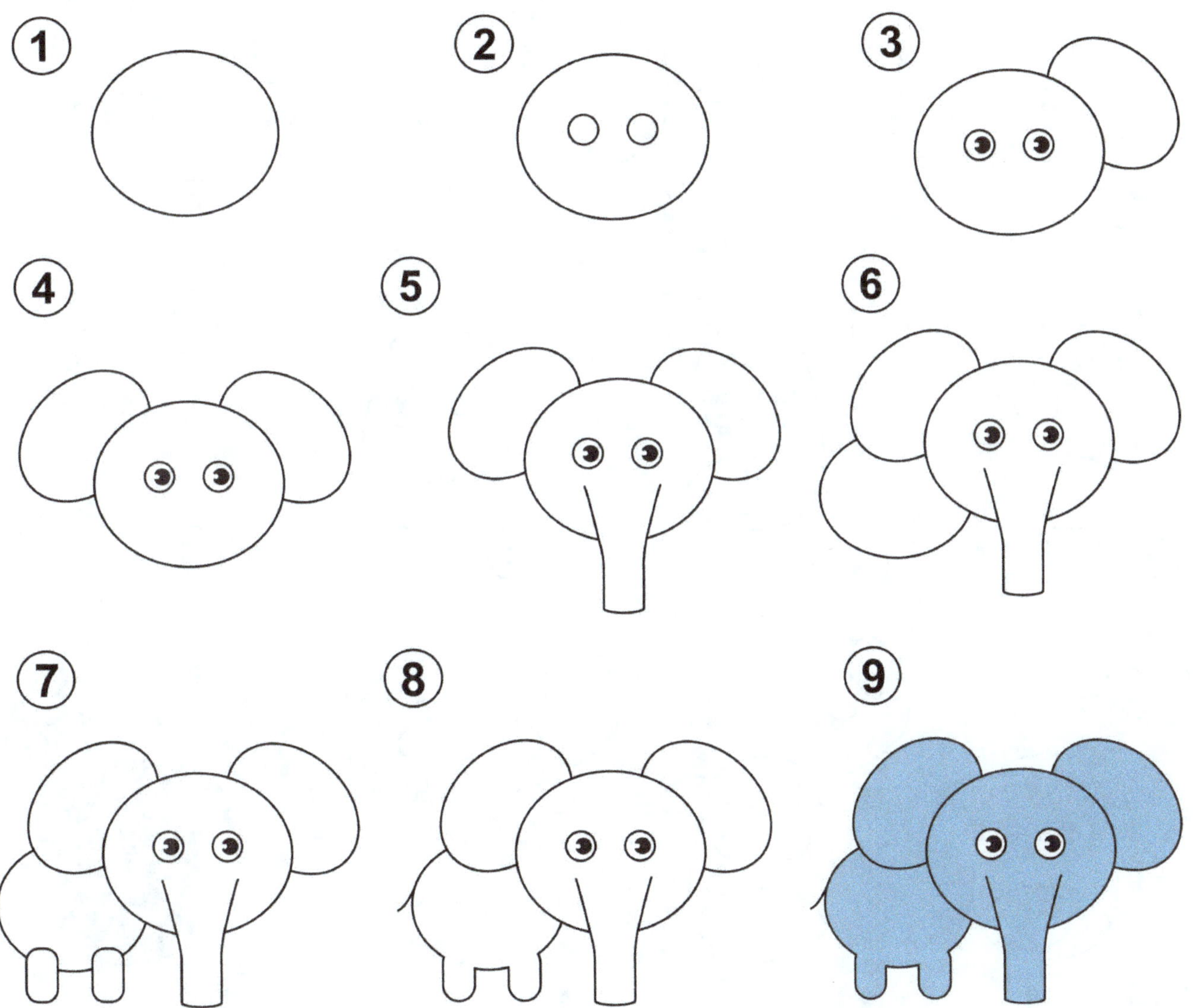

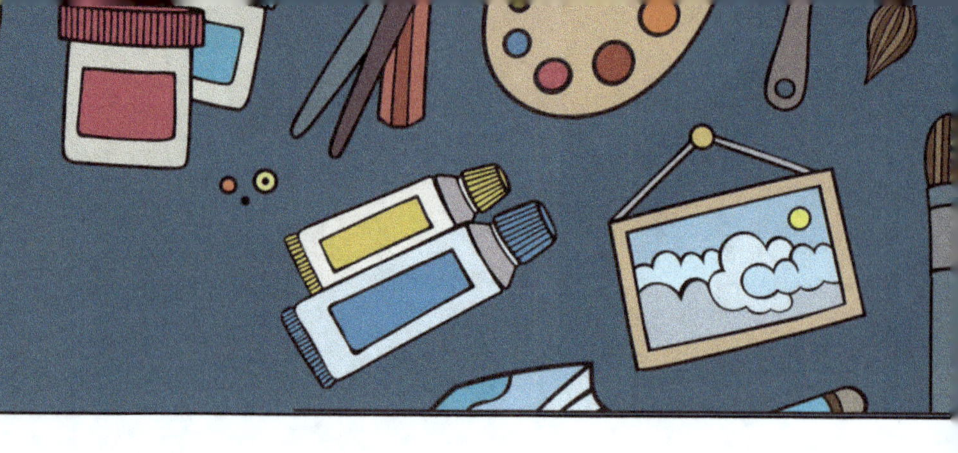

Alce

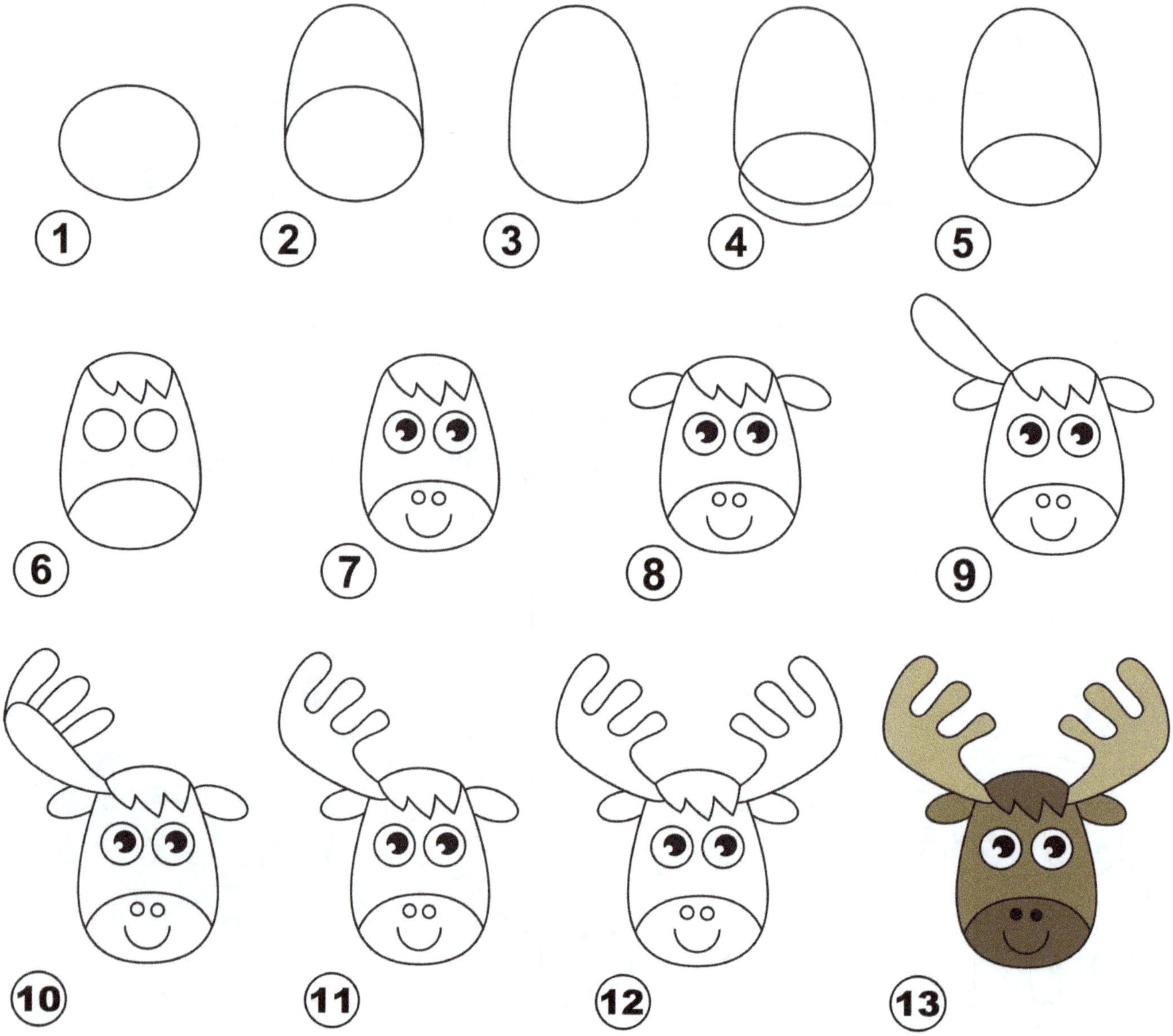

① ② ③ ④ ⑤

⑥ ⑦ ⑧ ⑨

⑩ ⑪ ⑫ ⑬

Pescado

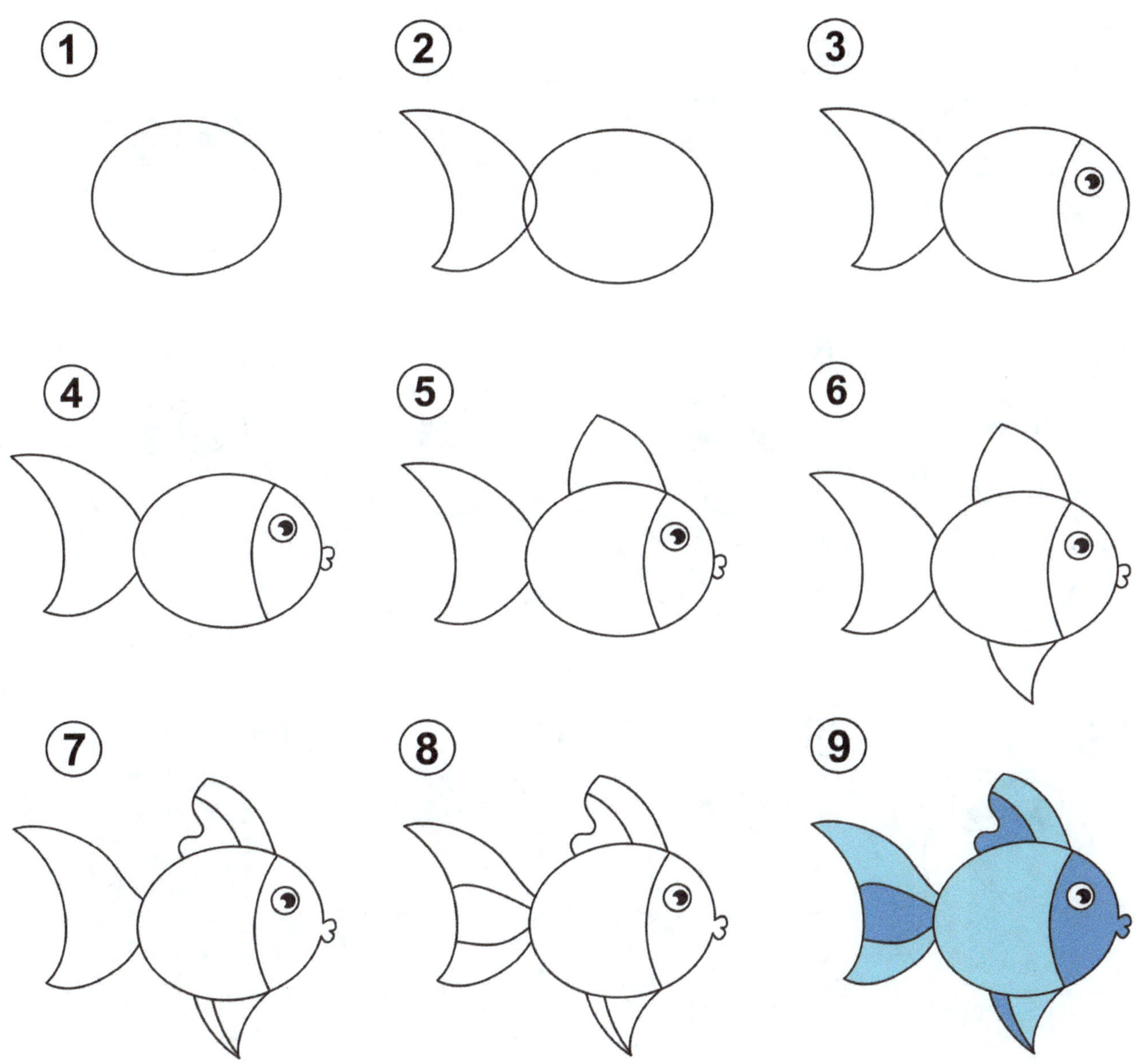

Rana

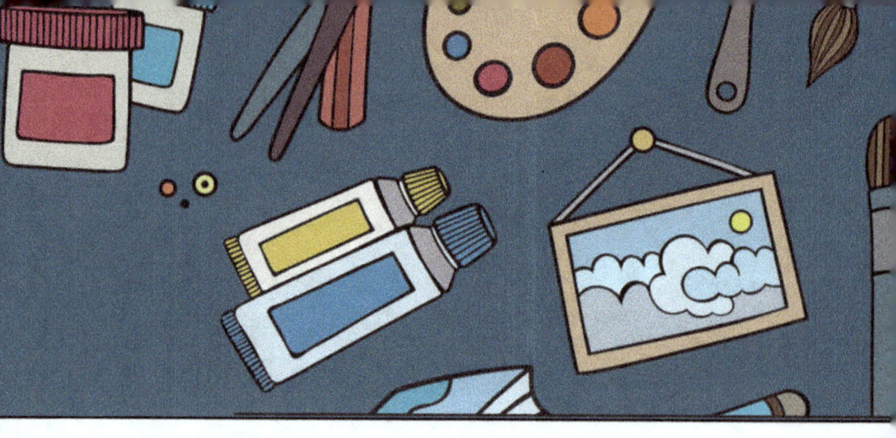

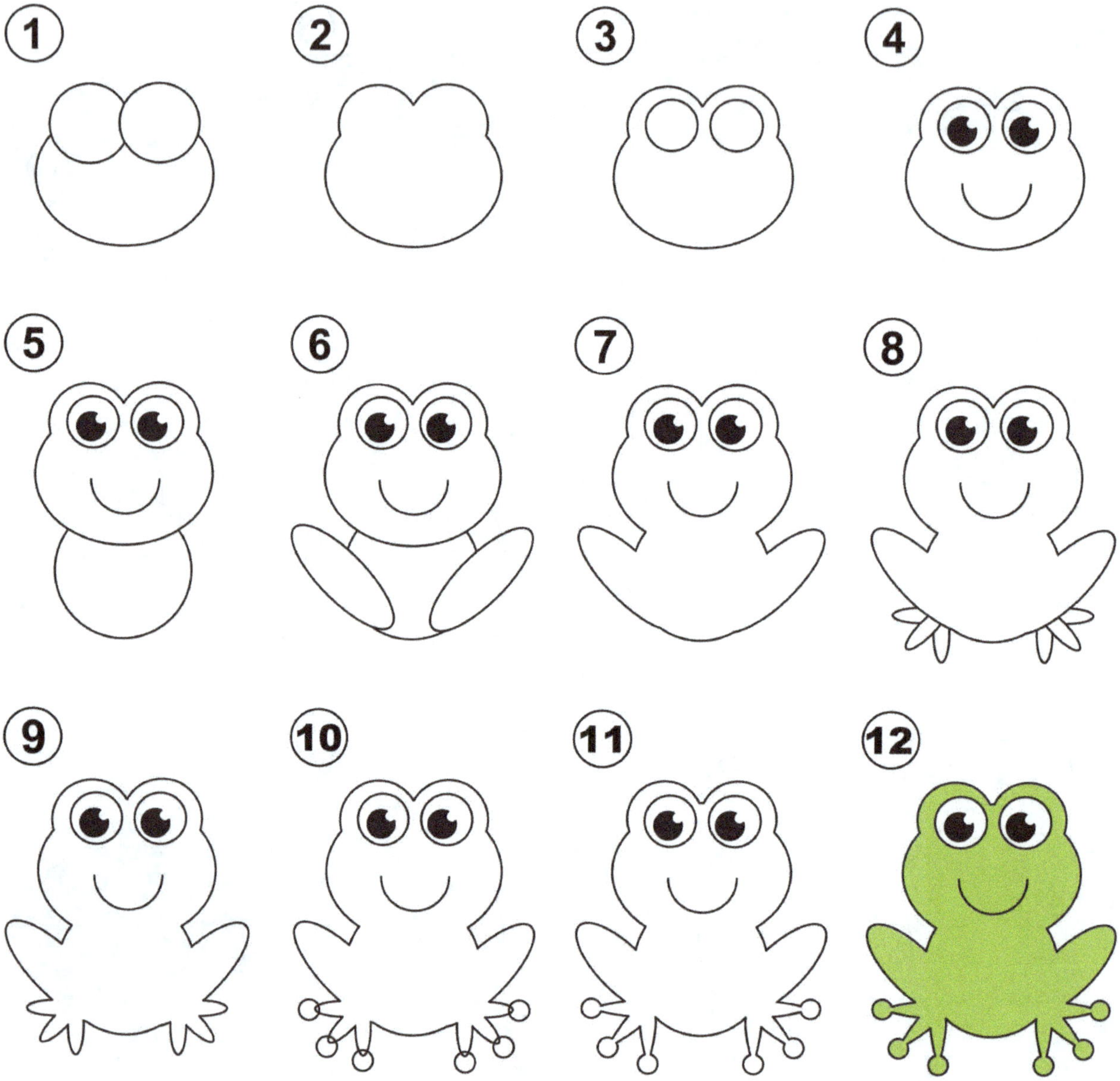

Pescado divertido

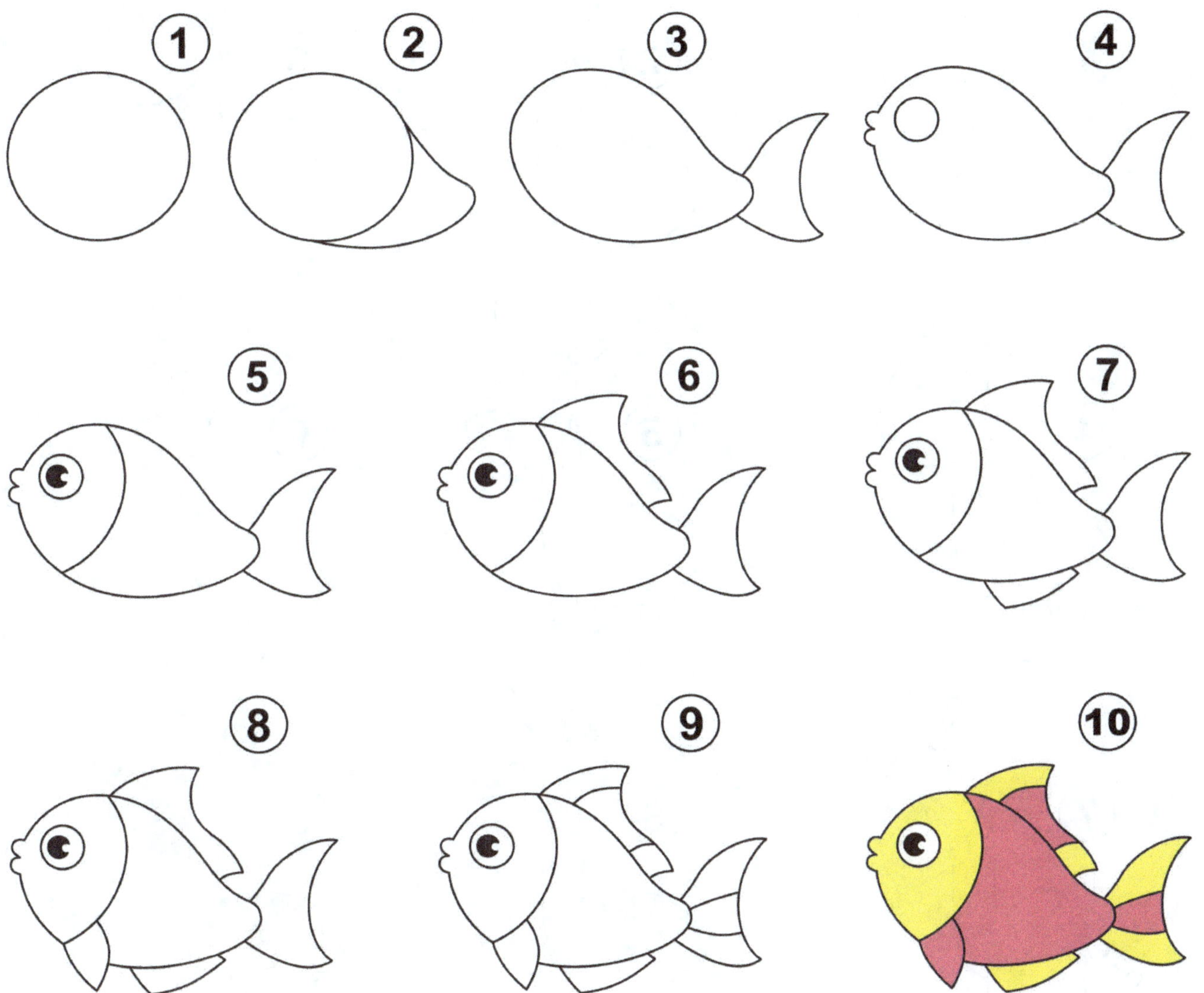

Jirafa

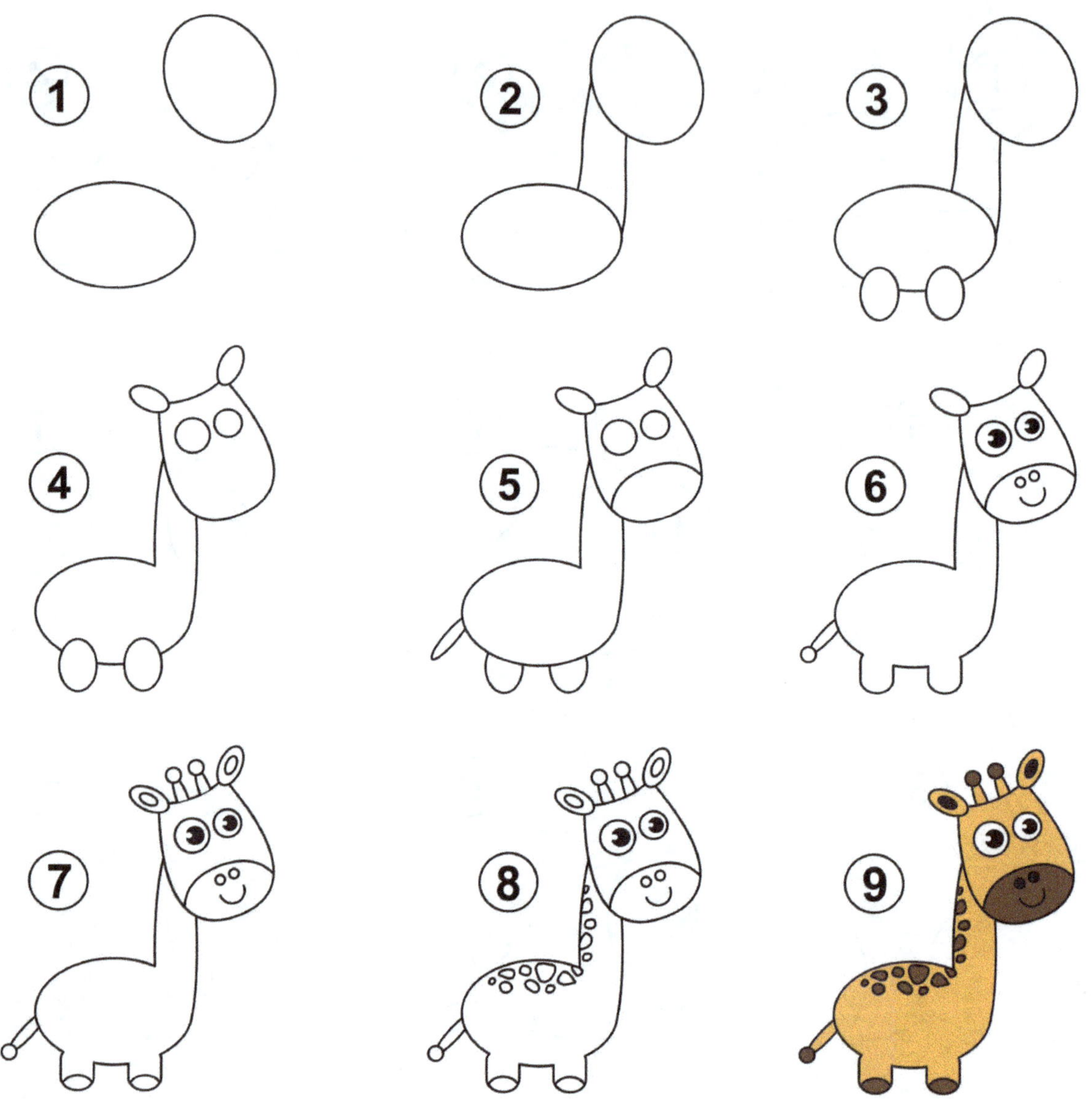

Globo

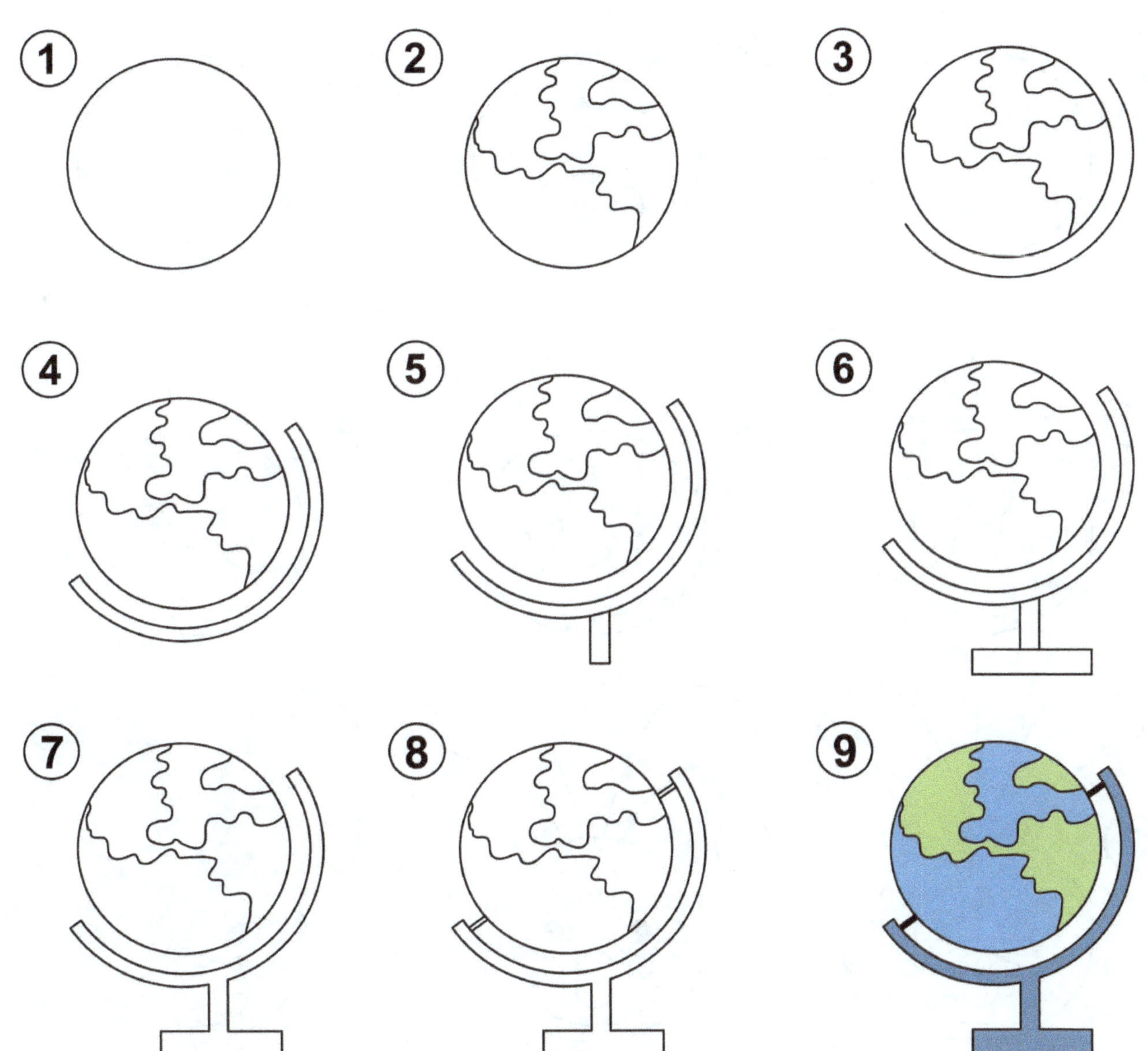

Cabeza de liebre

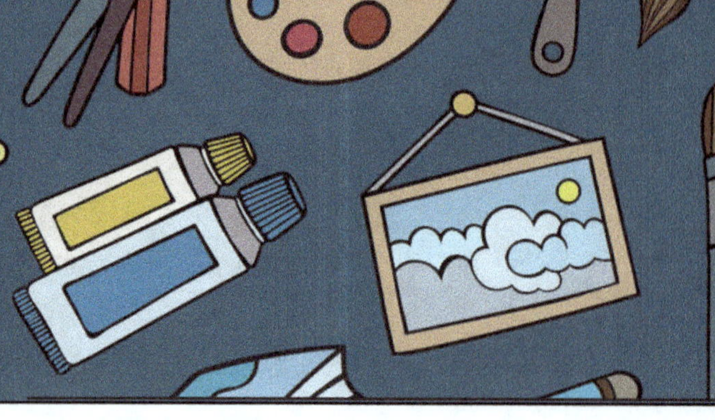

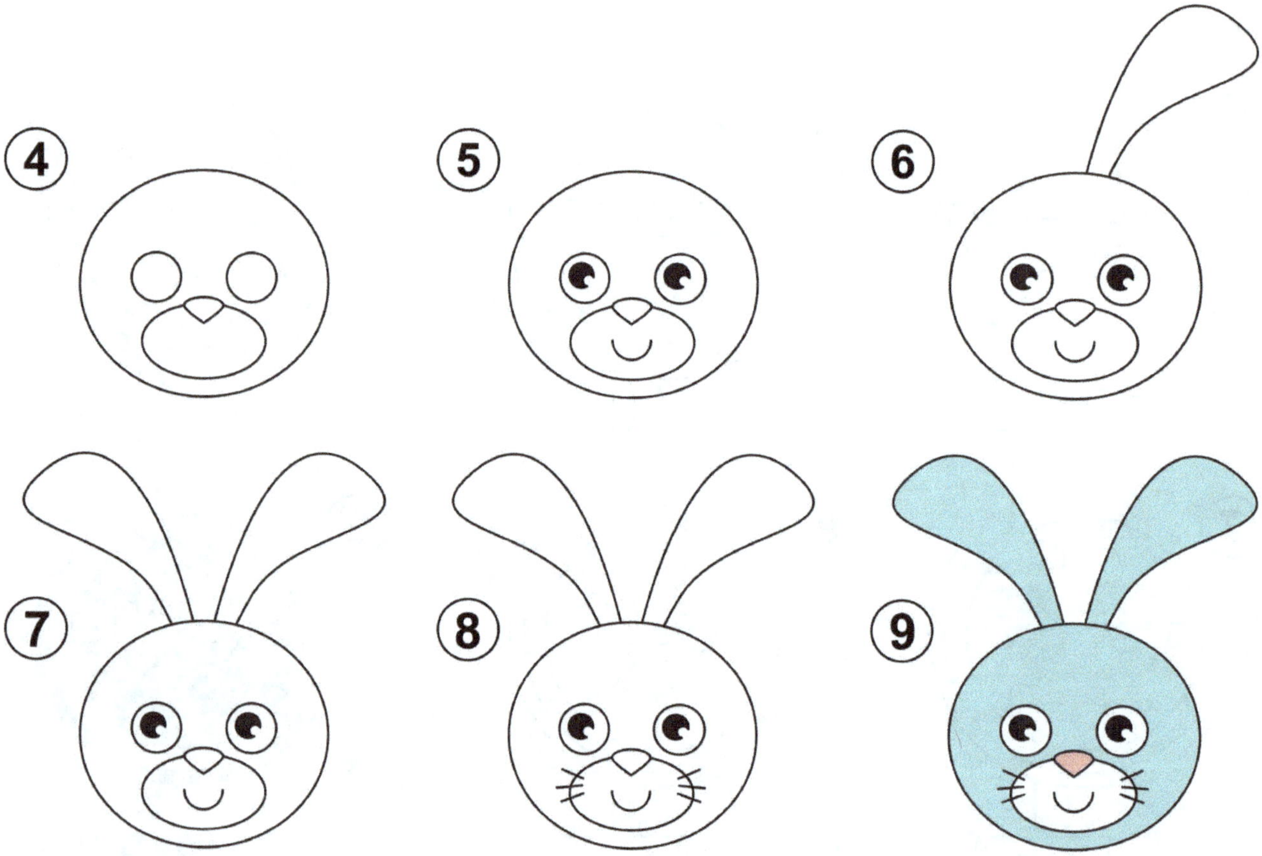

CorazÛn

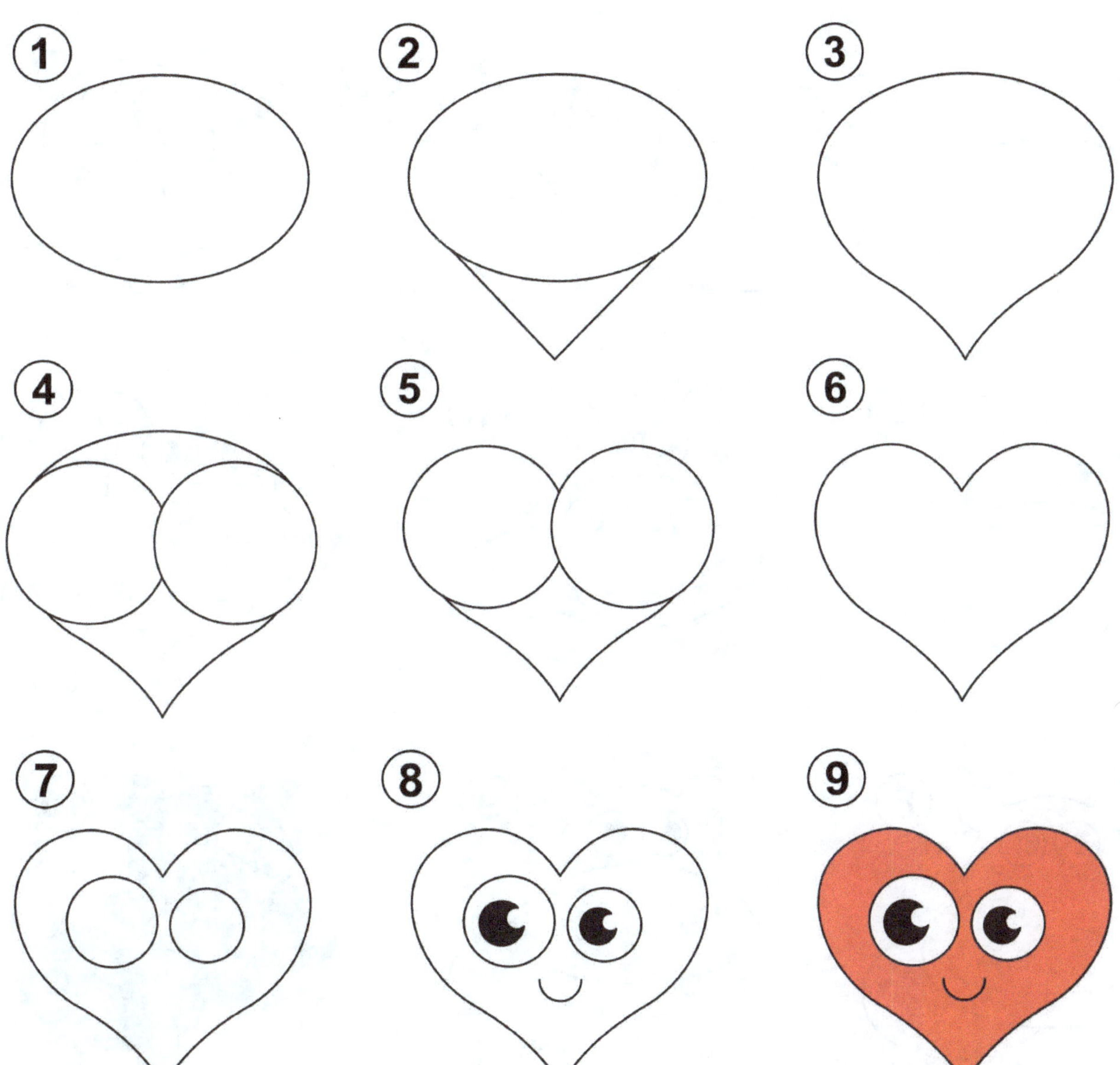

HipopÛtamo

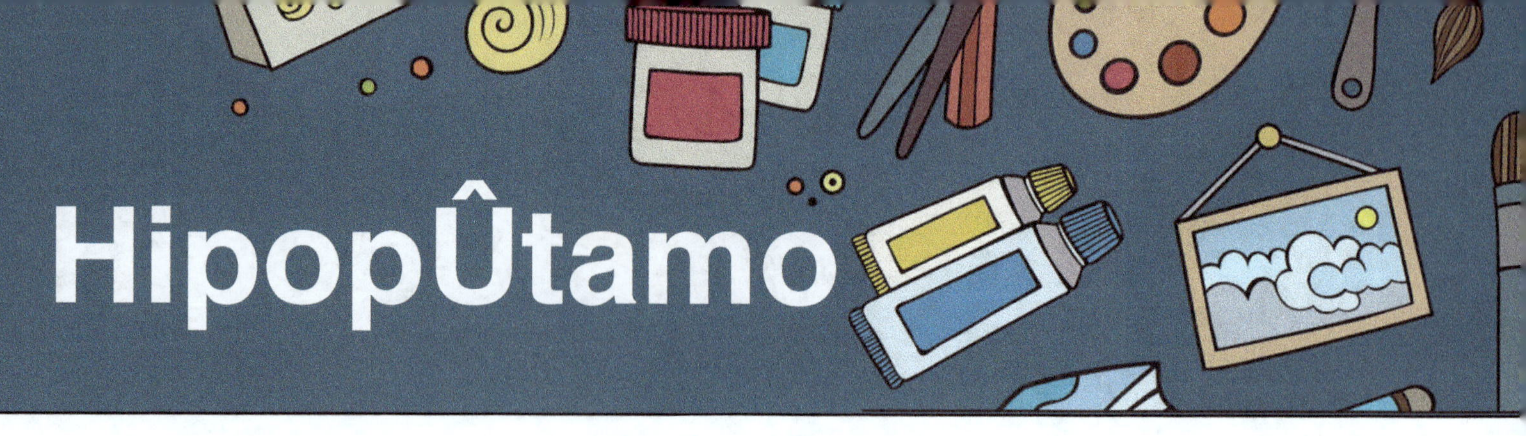

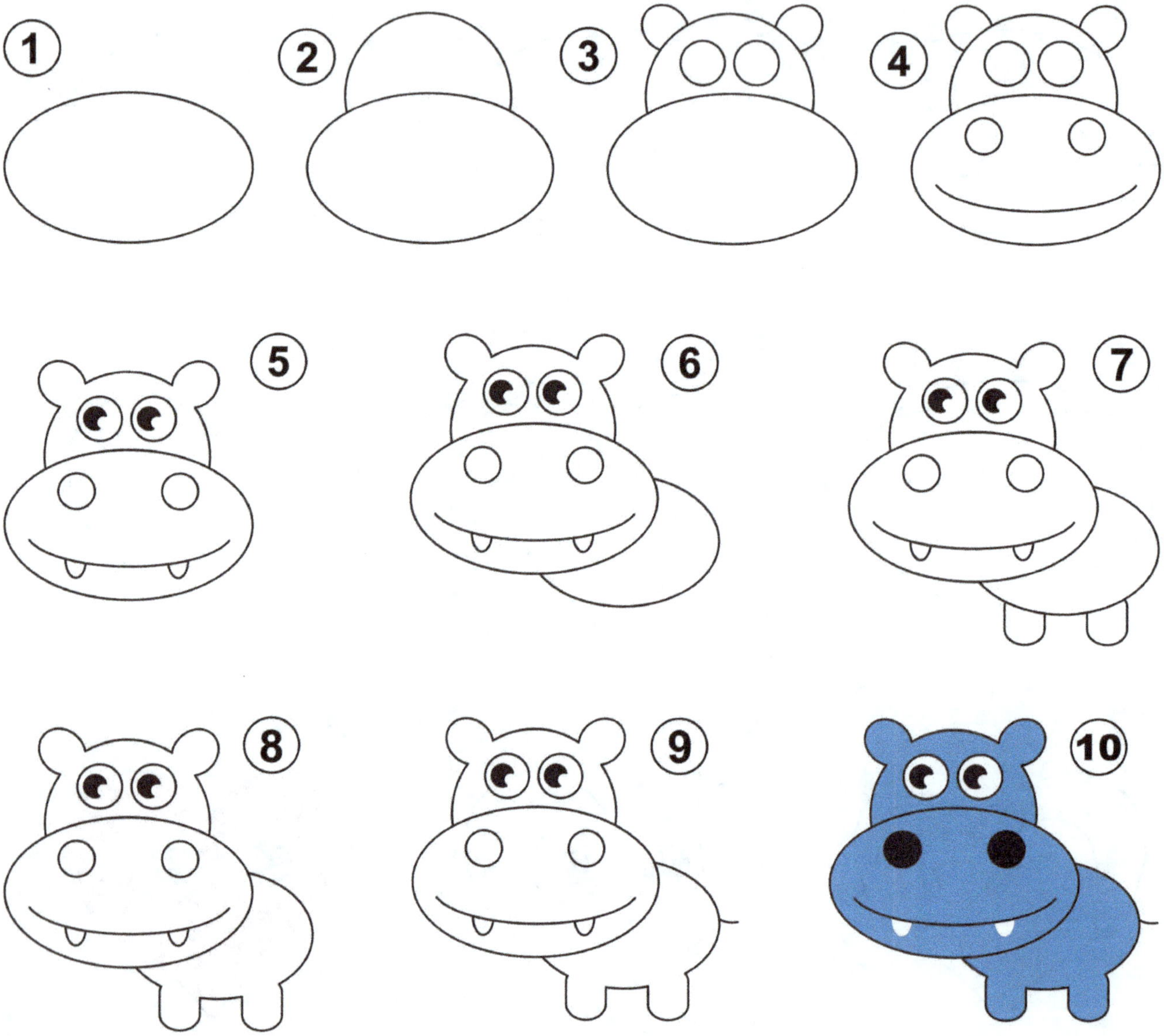

Caballo

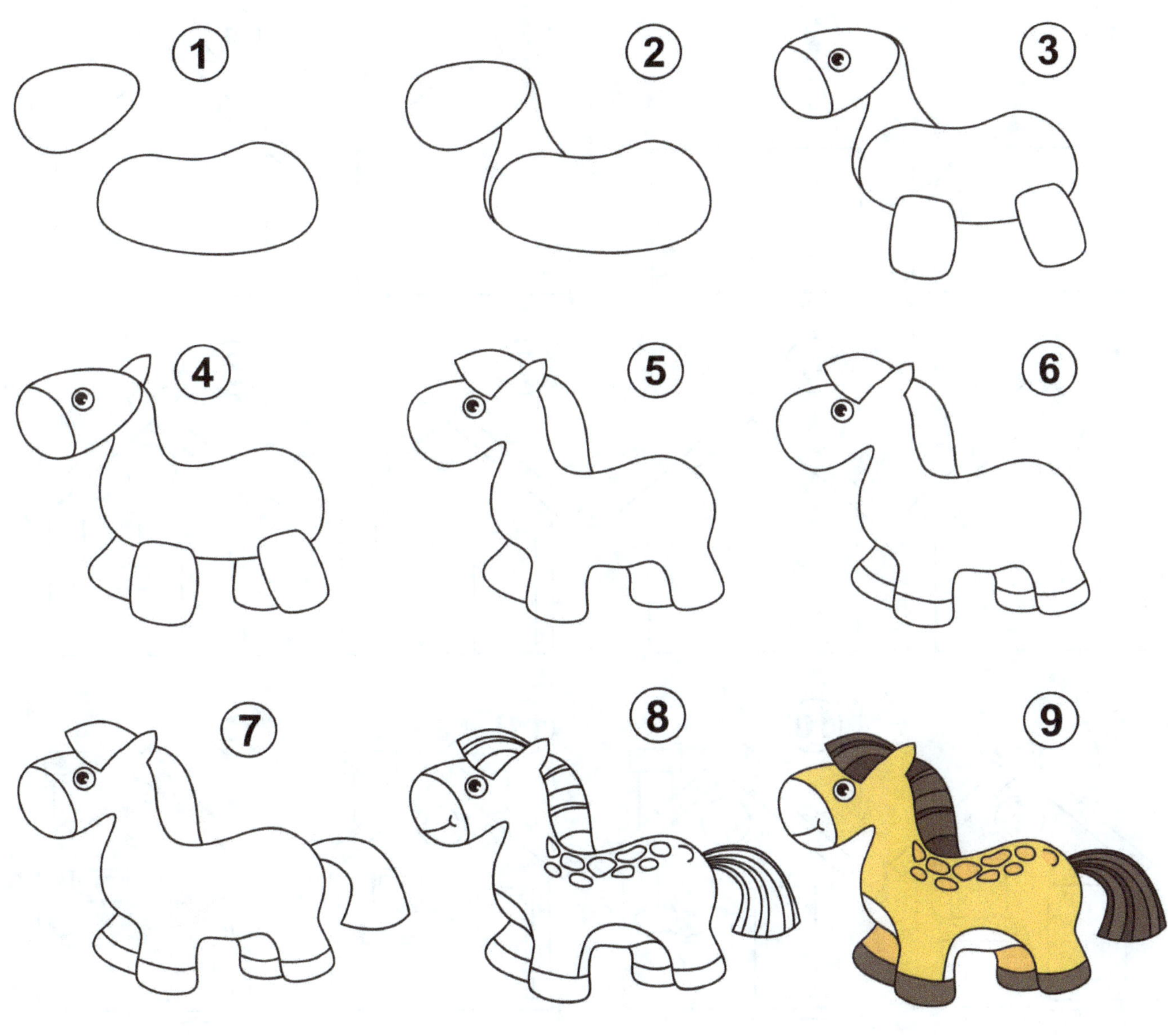

Casa

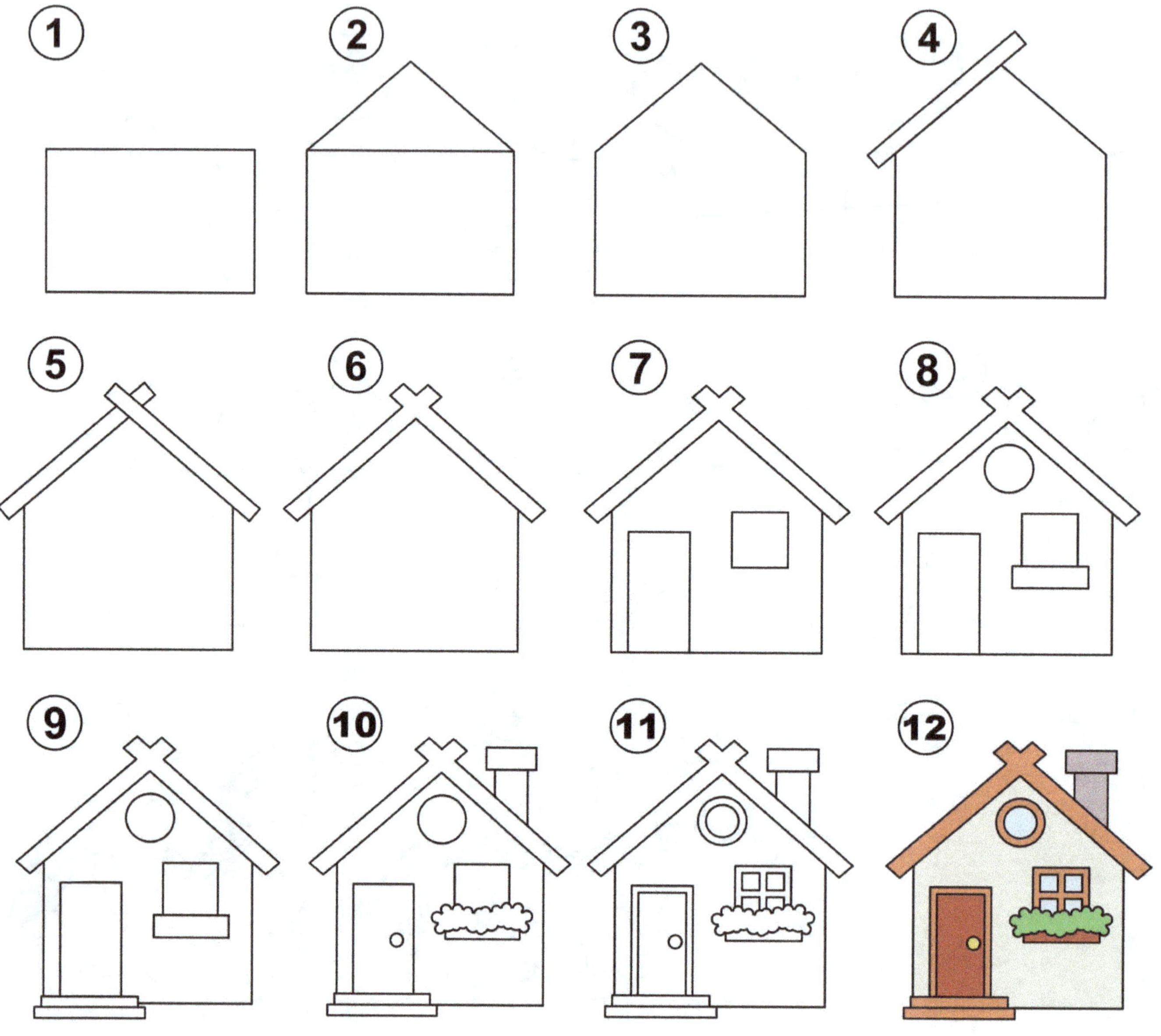

Helado

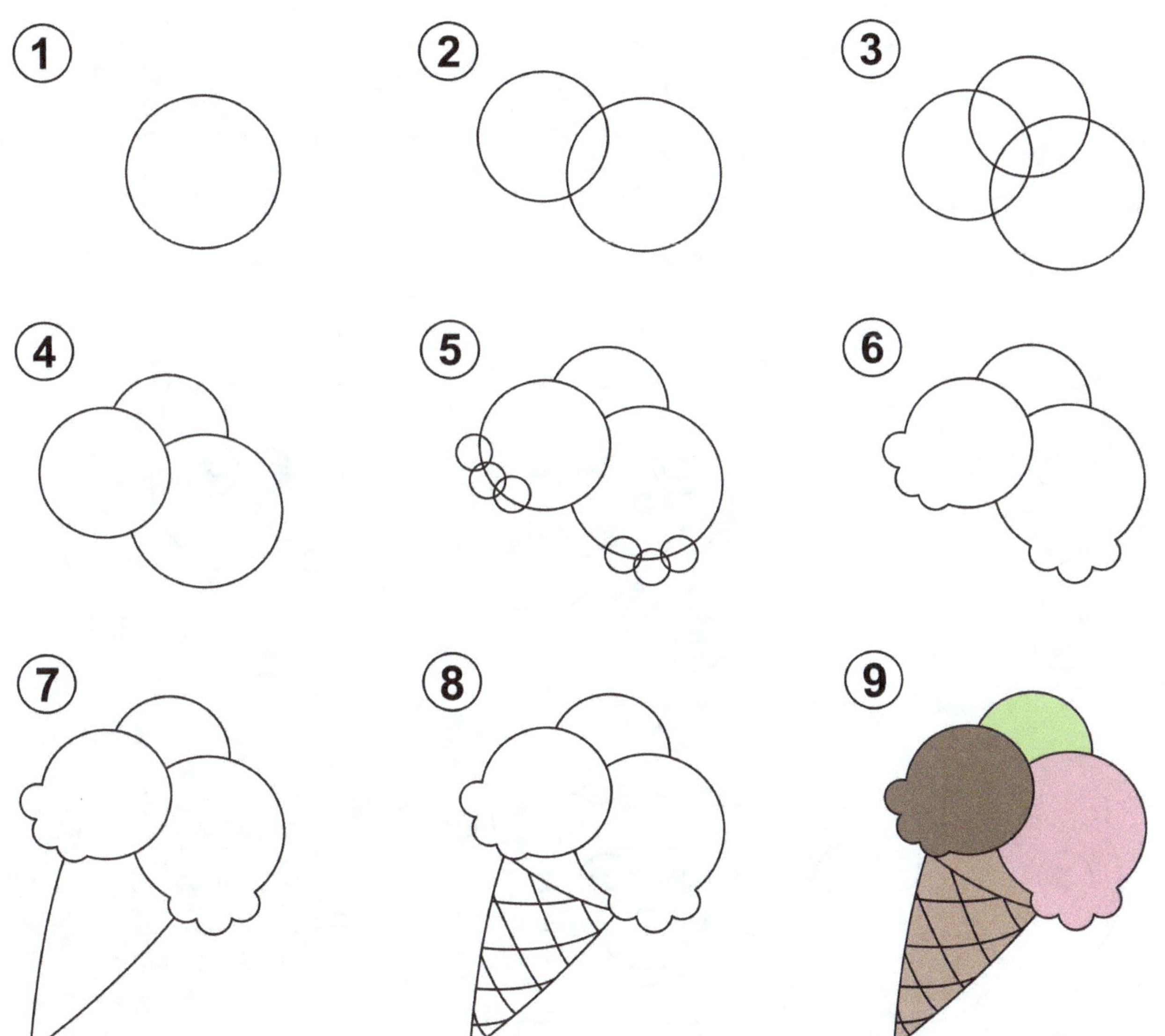

Gatito

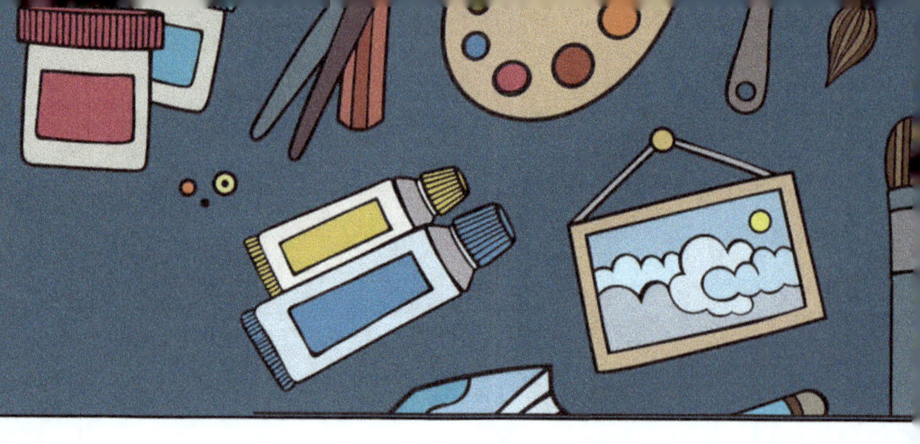

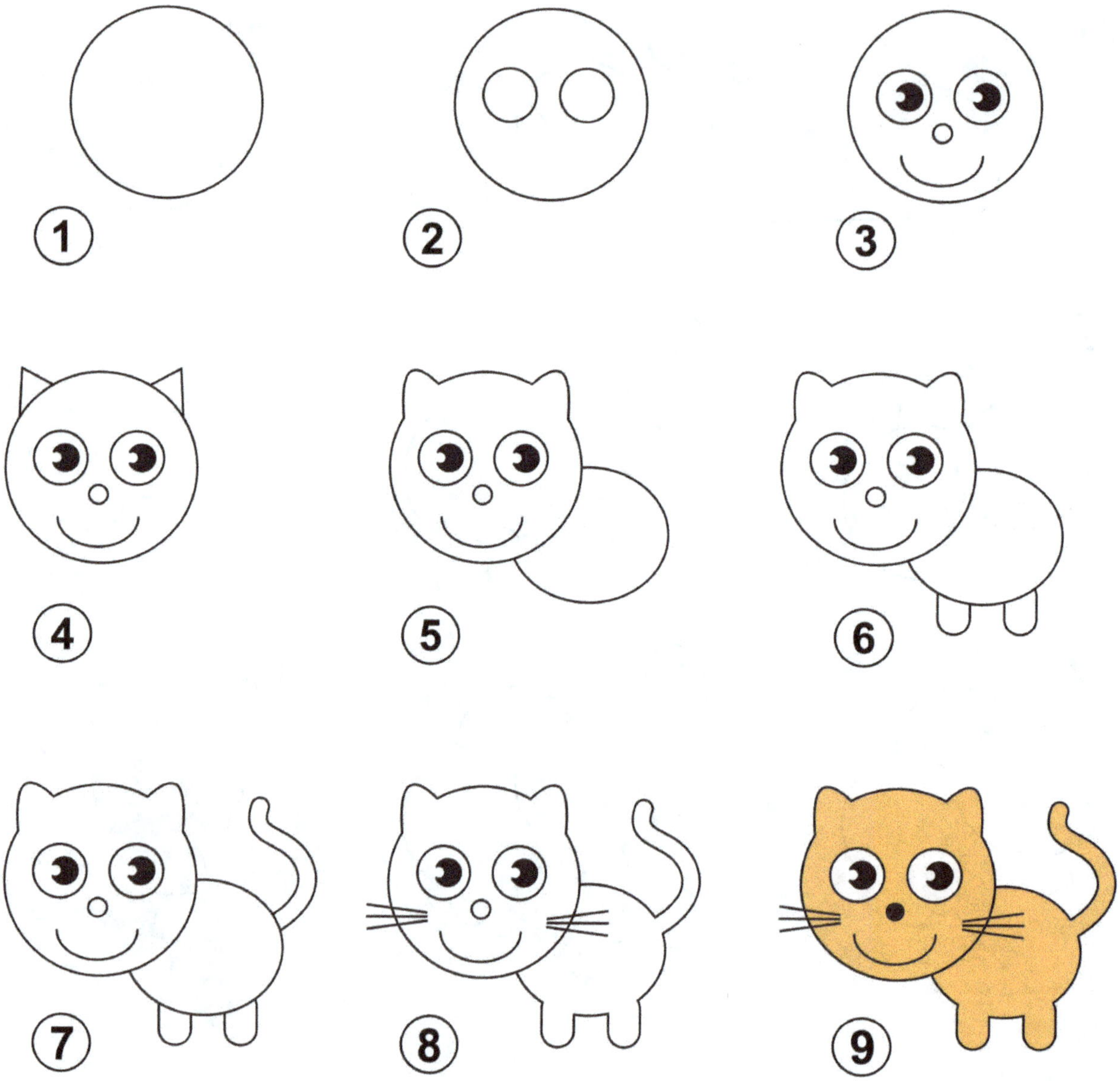

① ② ③

④ ⑤ ⑥

⑦ ⑧ ⑨

Mariquita

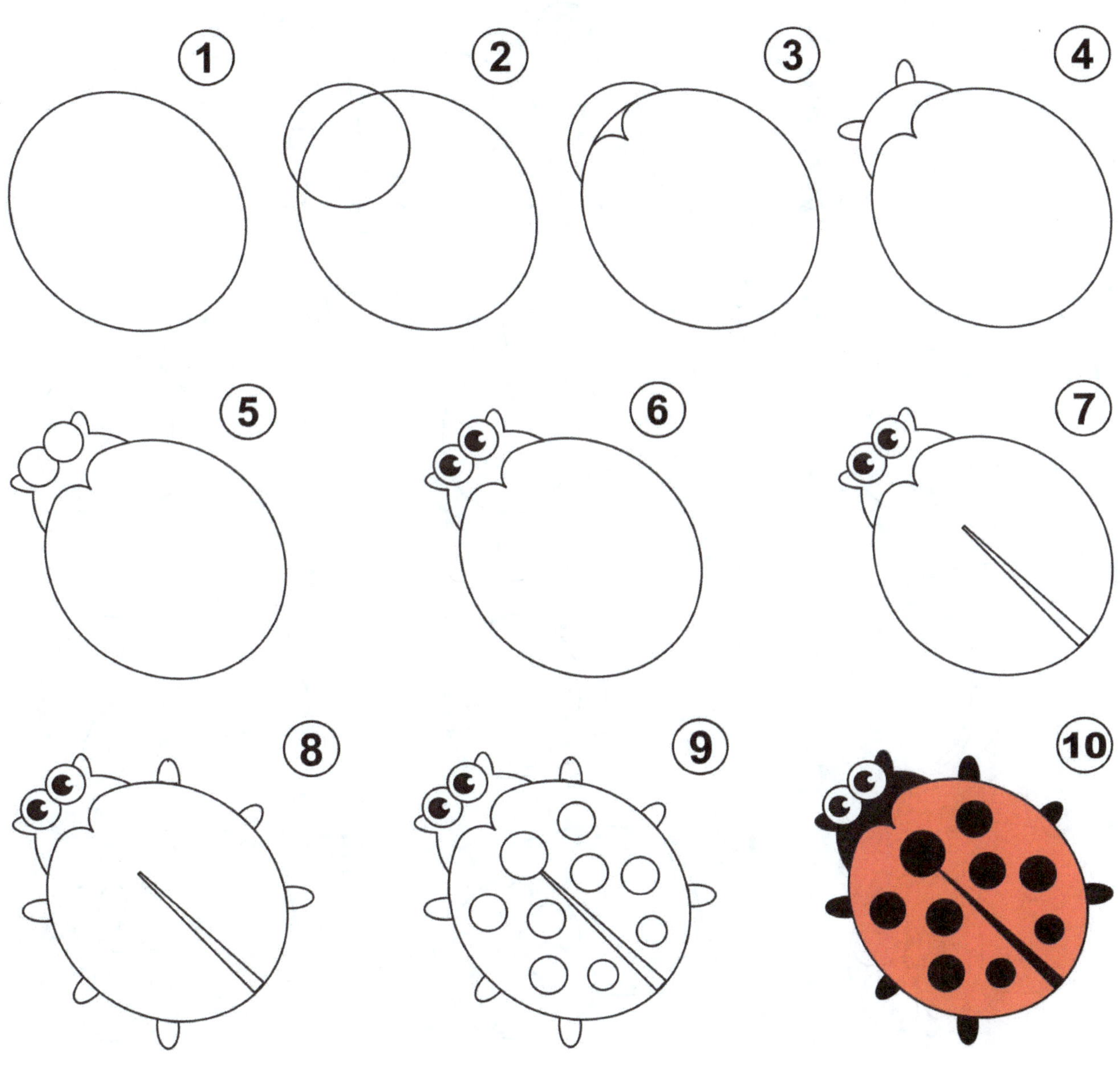

LimÛn

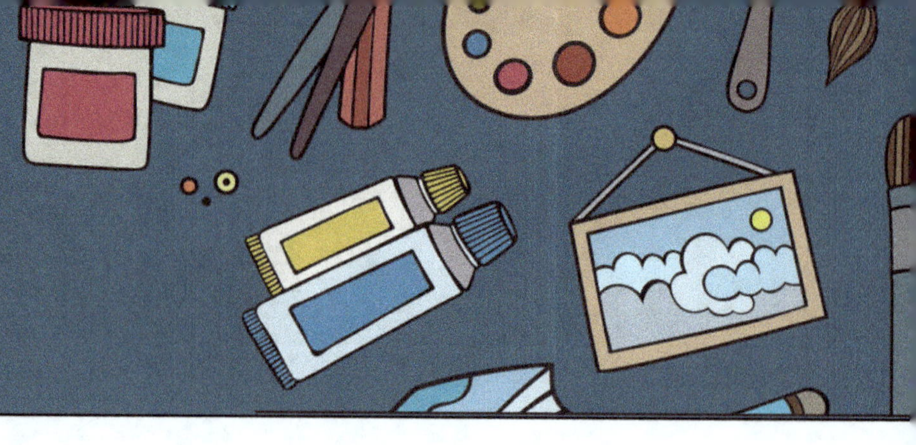

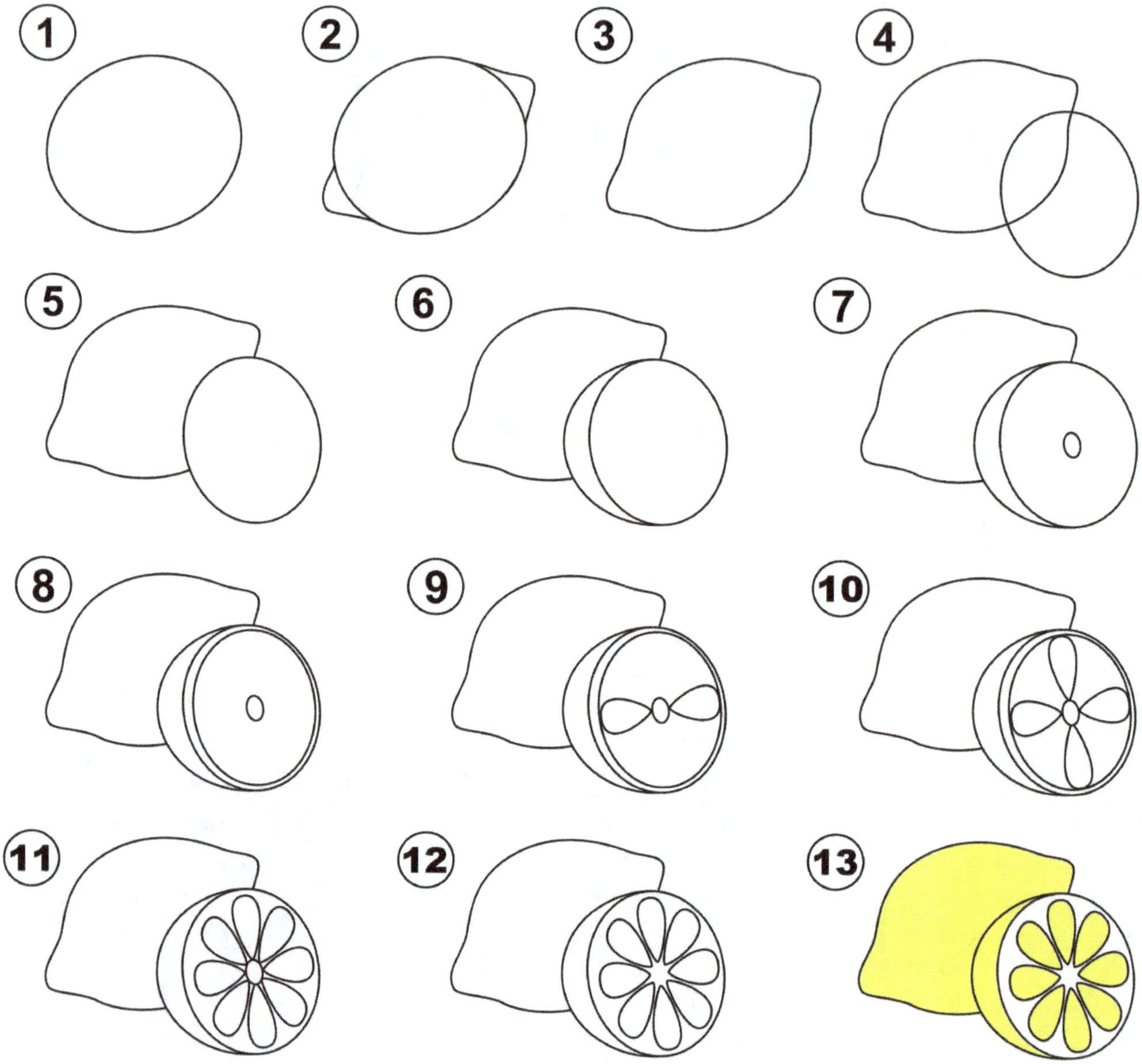

Mono

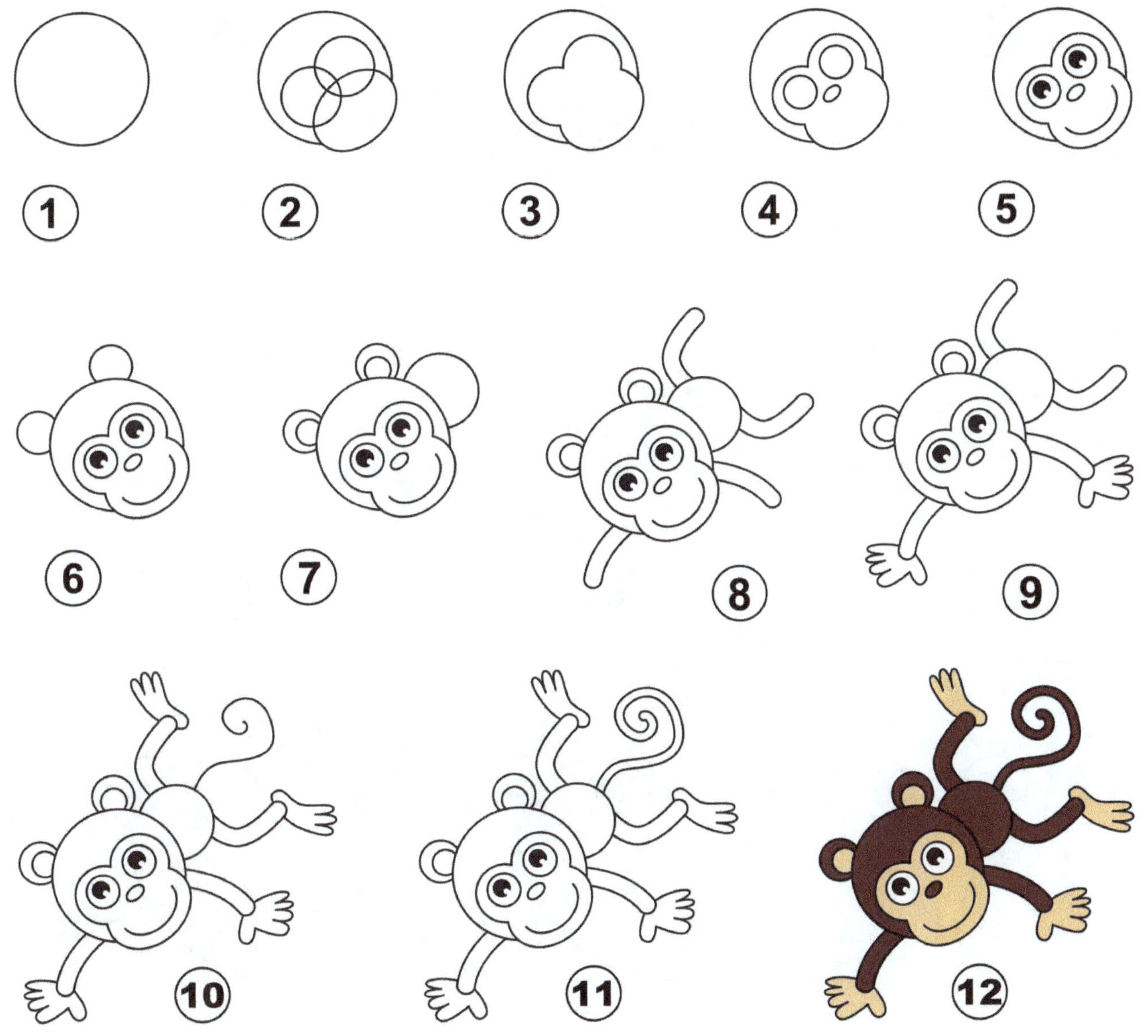

Luna

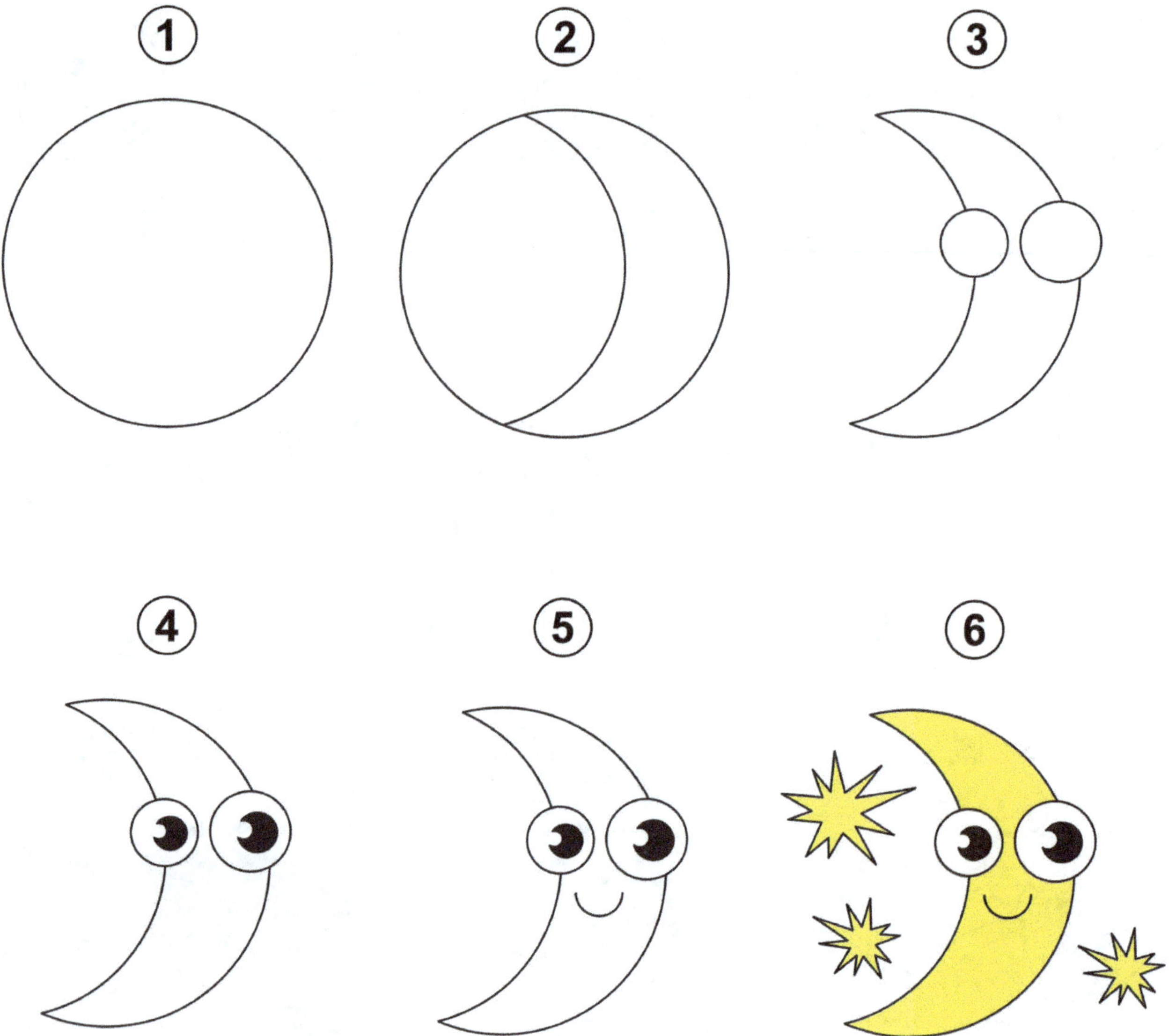

Seta

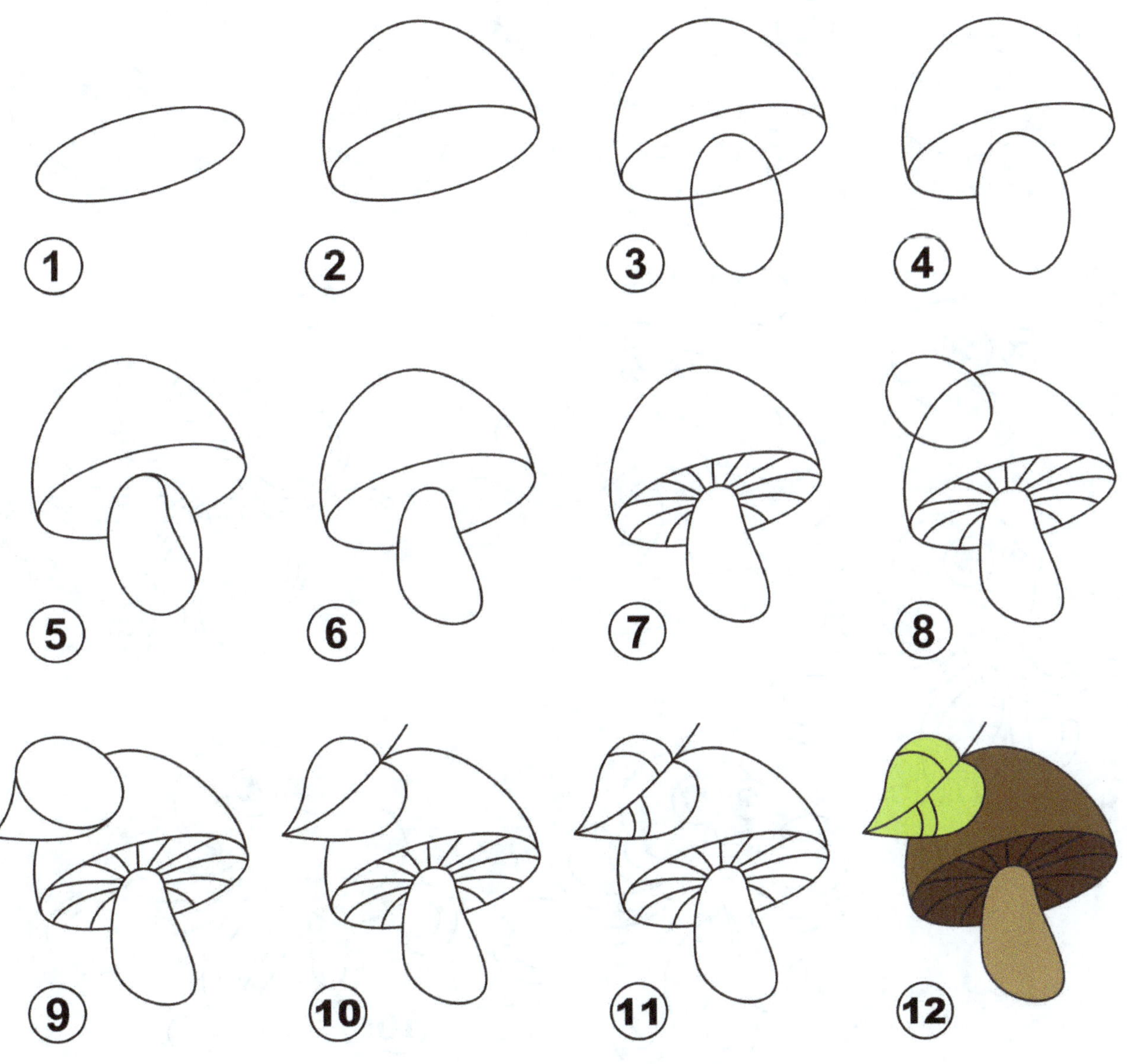

Pulpo

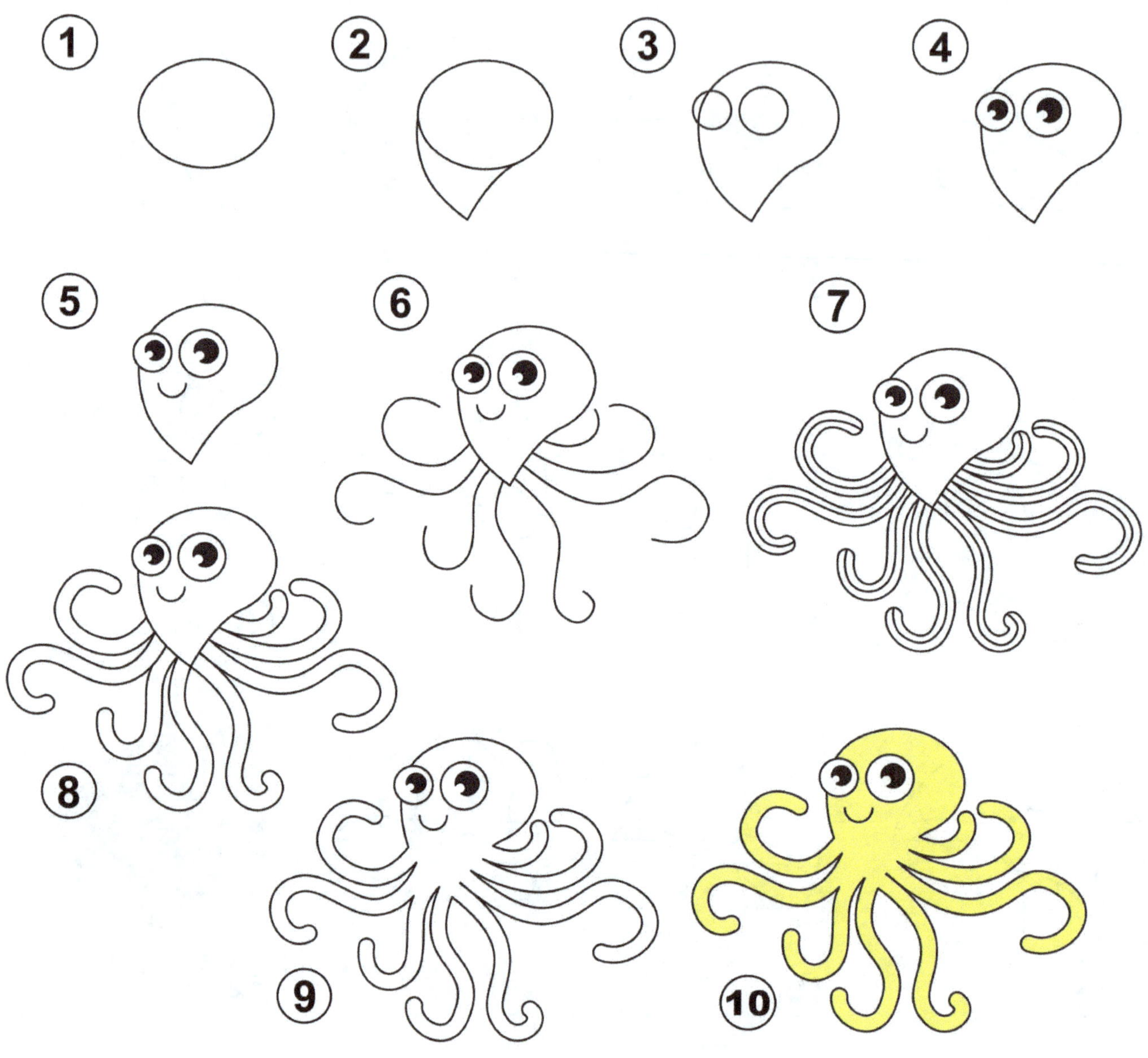

Búho

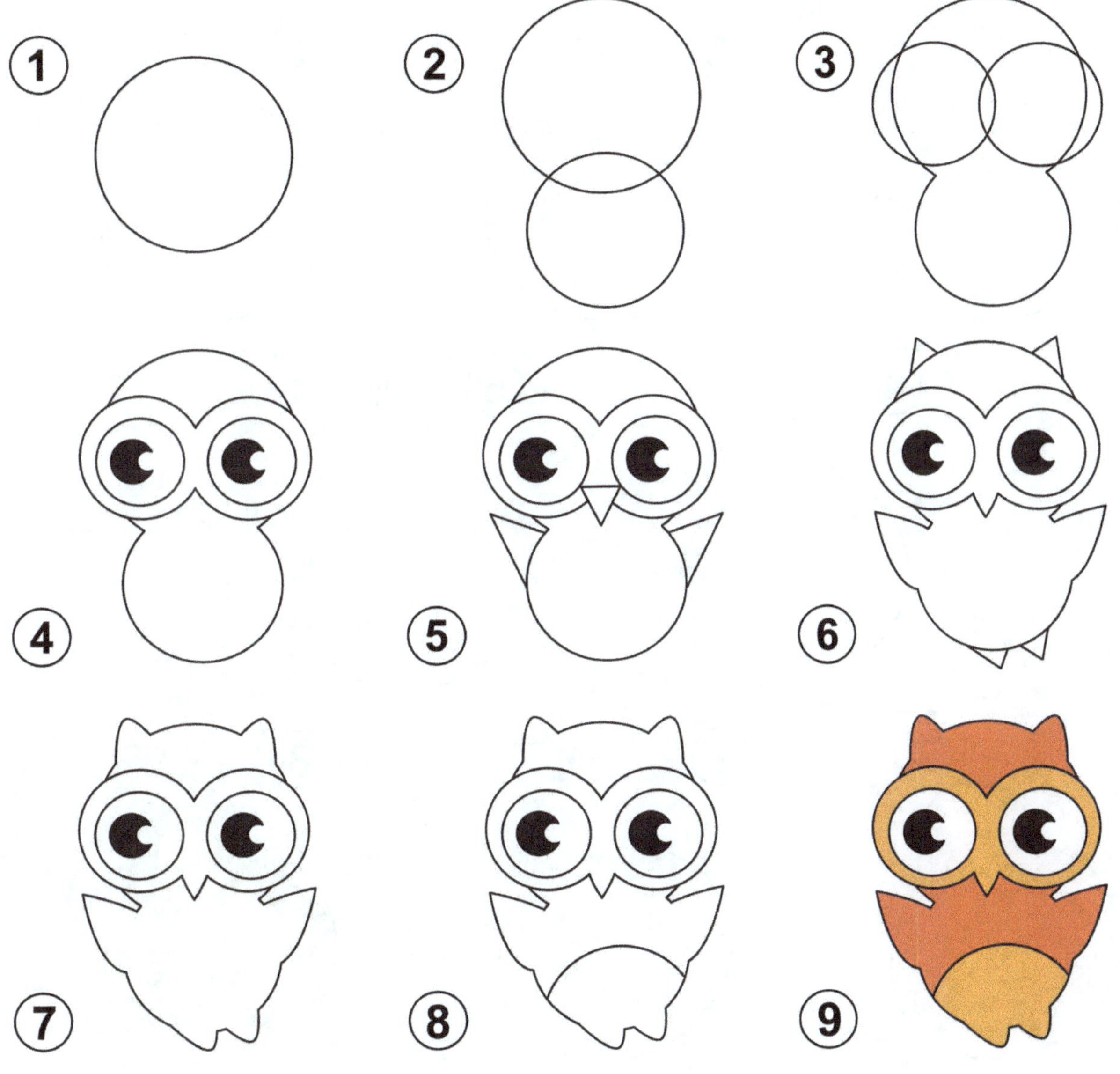

Pera

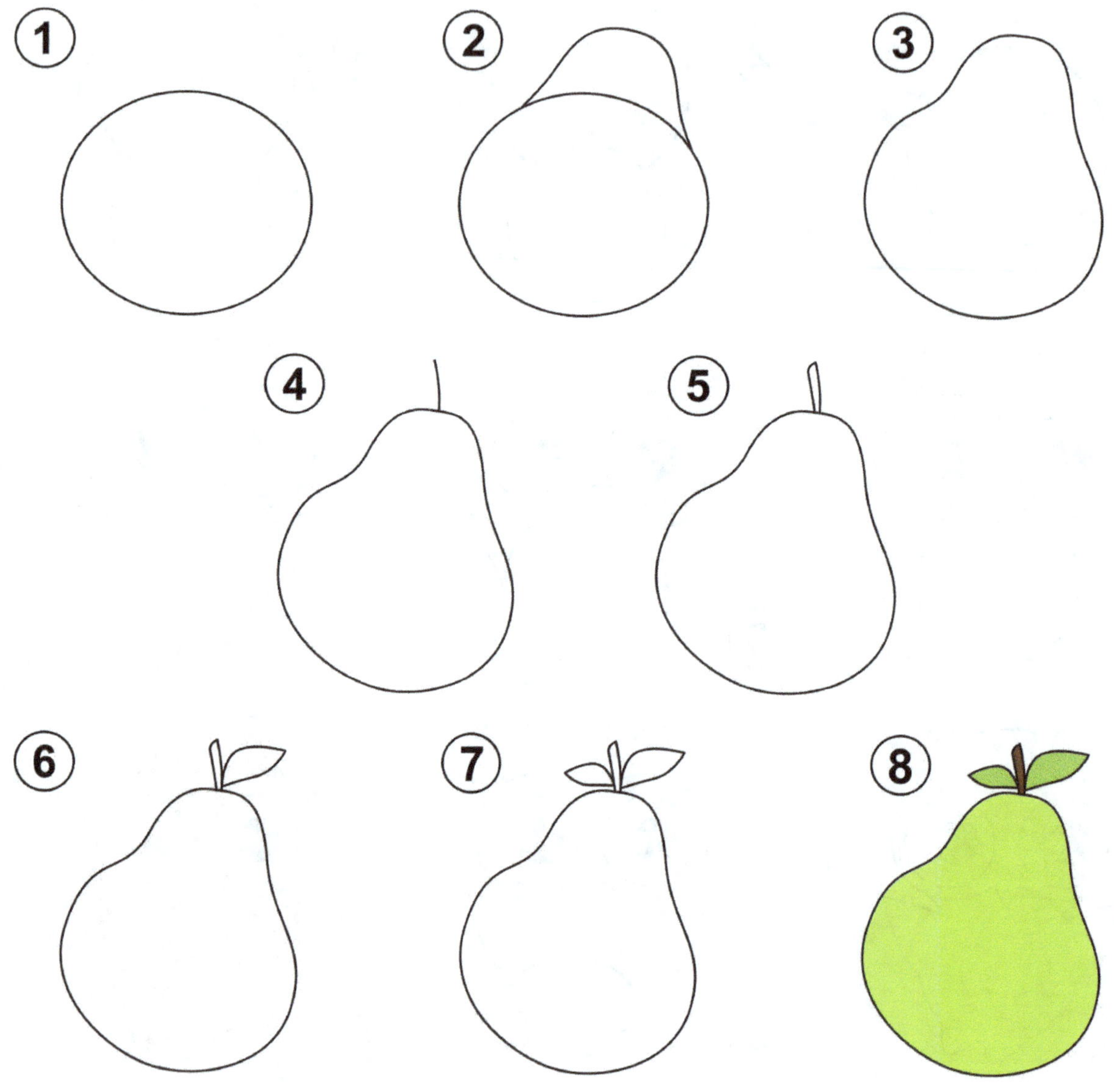

Pájaro rosado

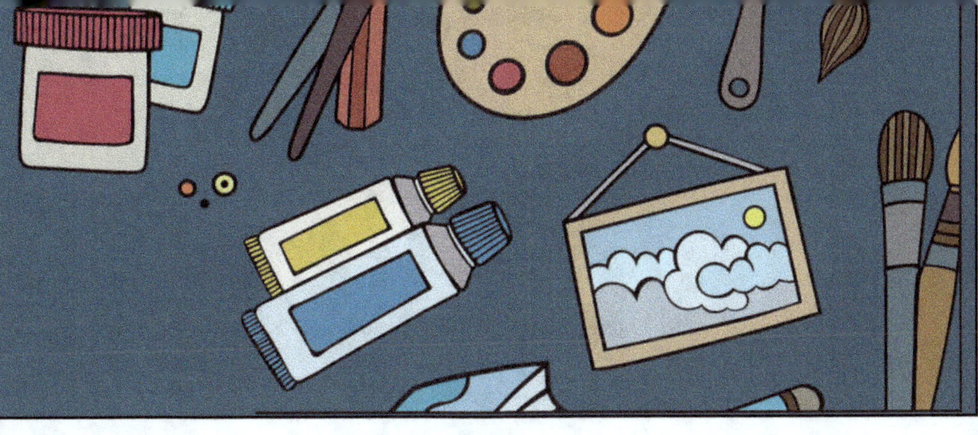

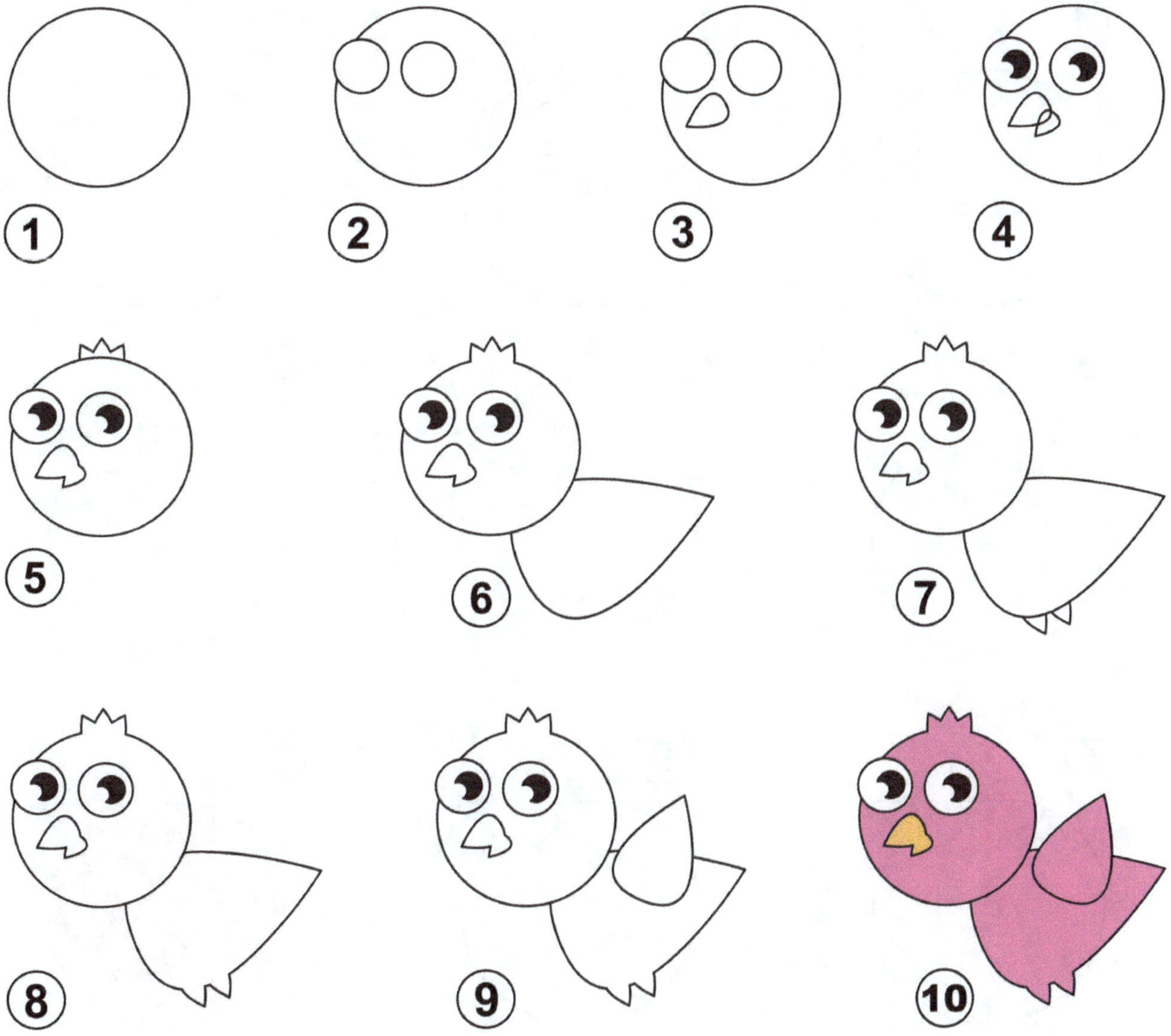

① ② ③ ④

⑤ ⑥ ⑦

⑧ ⑨ ⑩

Granada

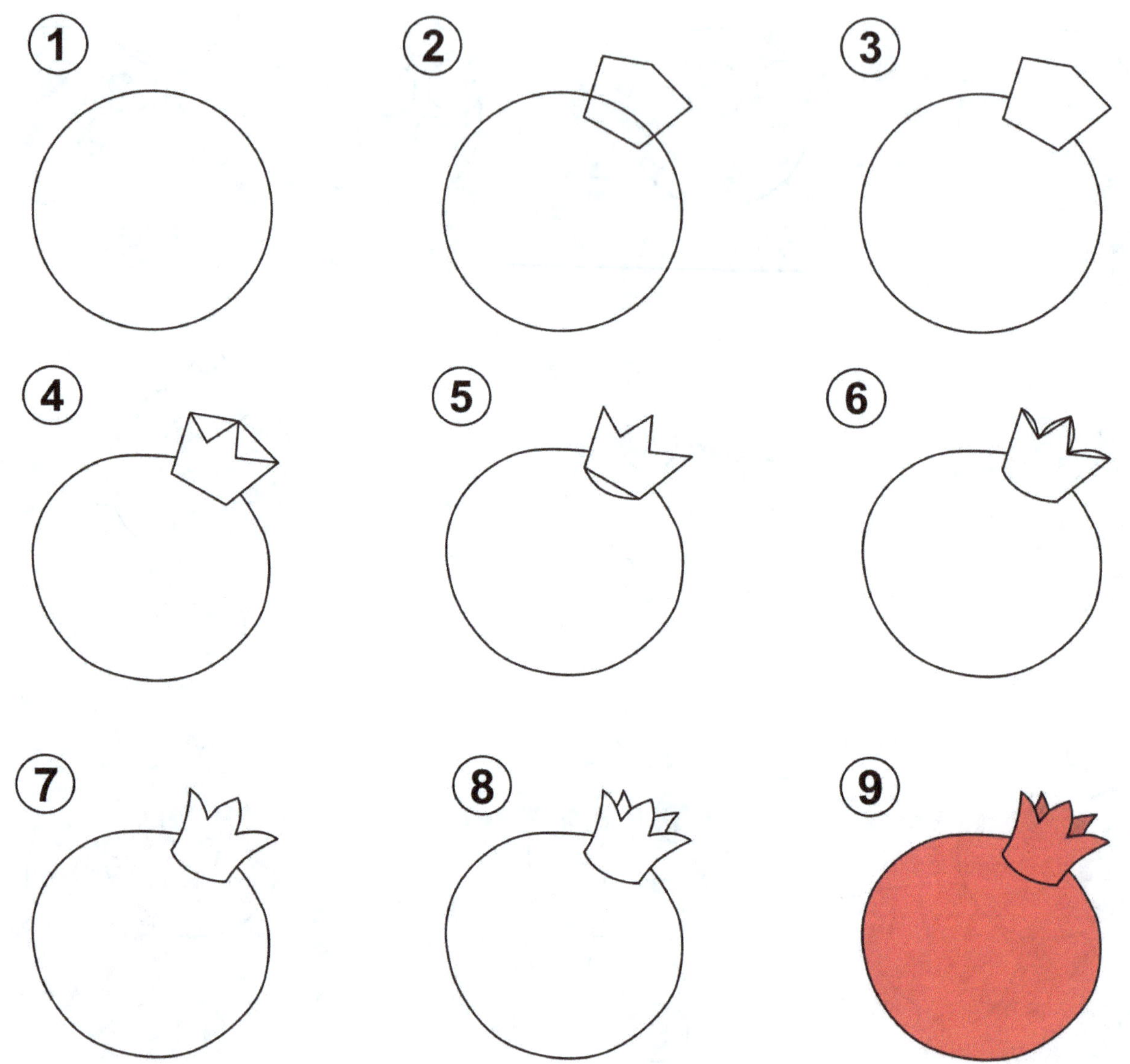

Flor de maceta

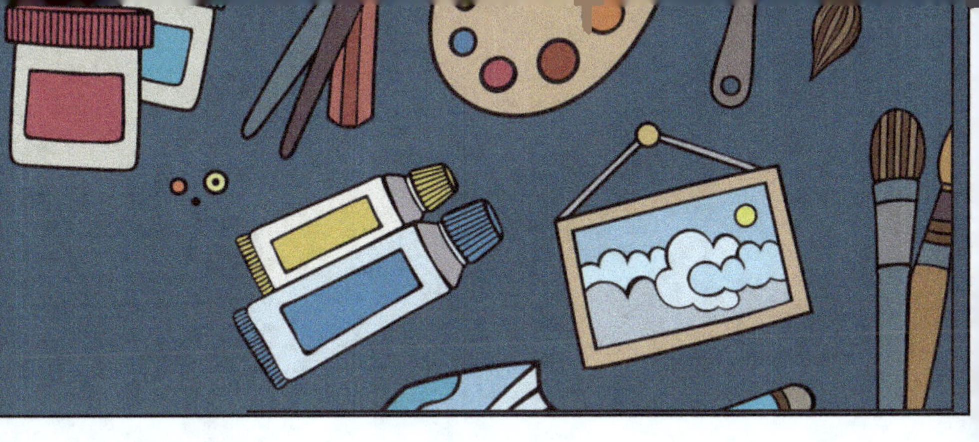

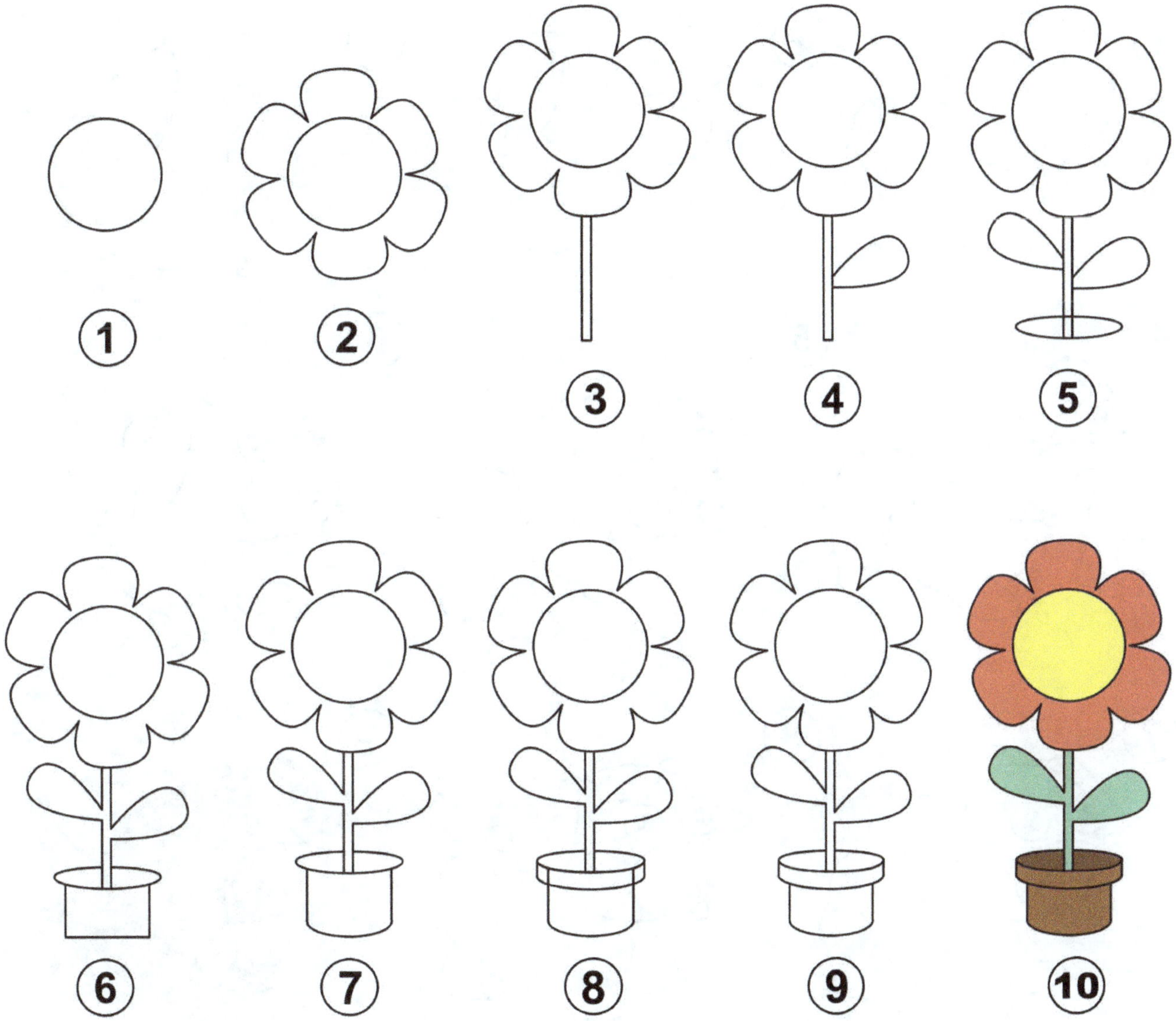

① ② ③ ④ ⑤

⑥ ⑦ ⑧ ⑨ ⑩

Perrito

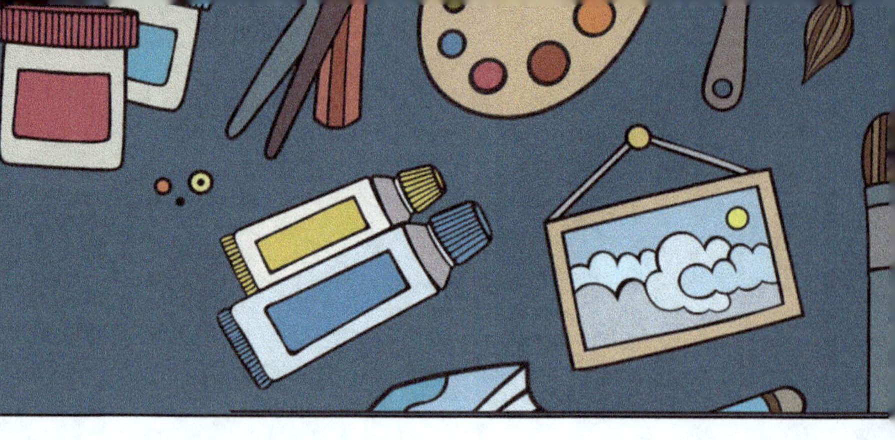

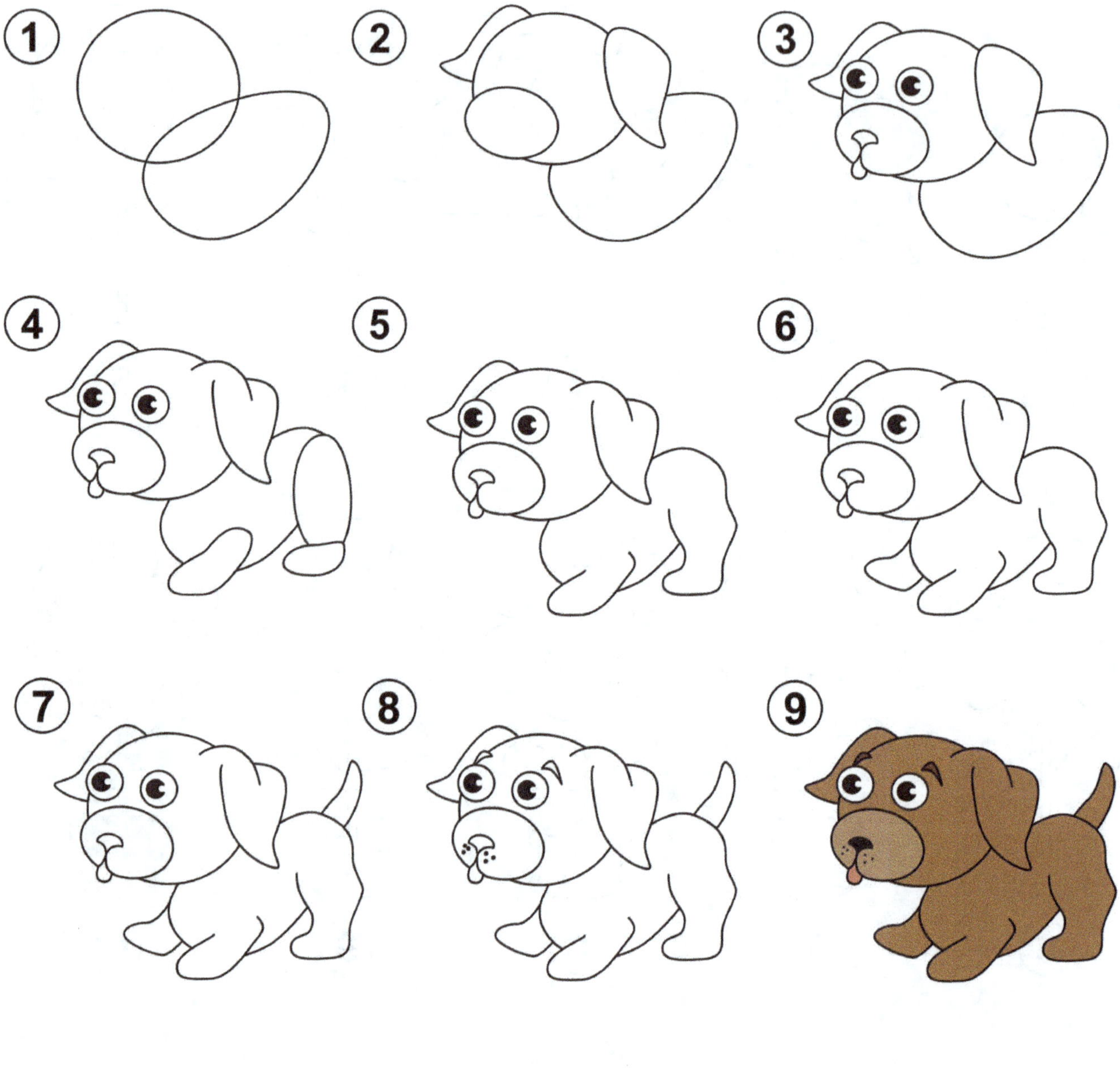

Conejo

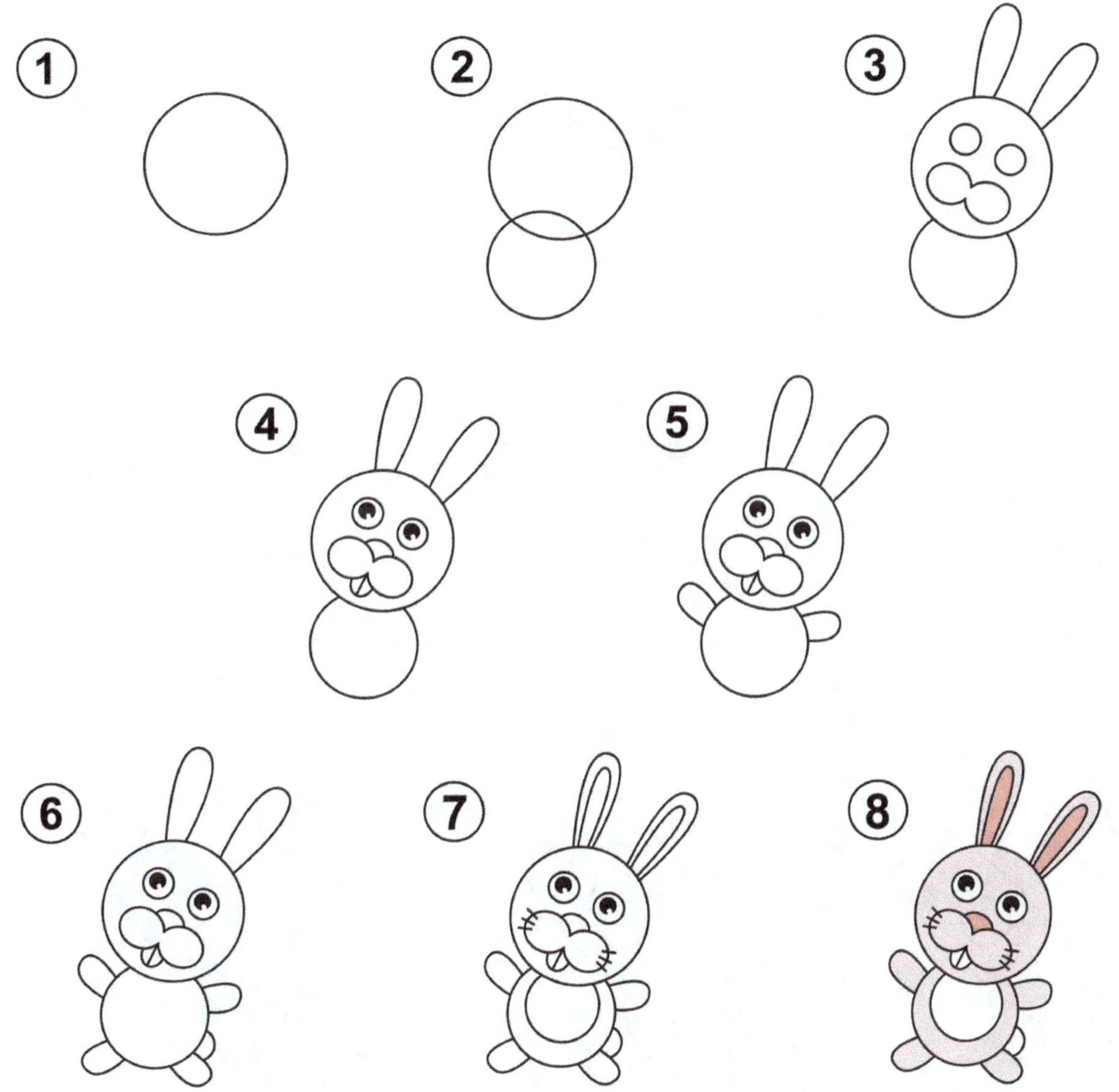

Cohete

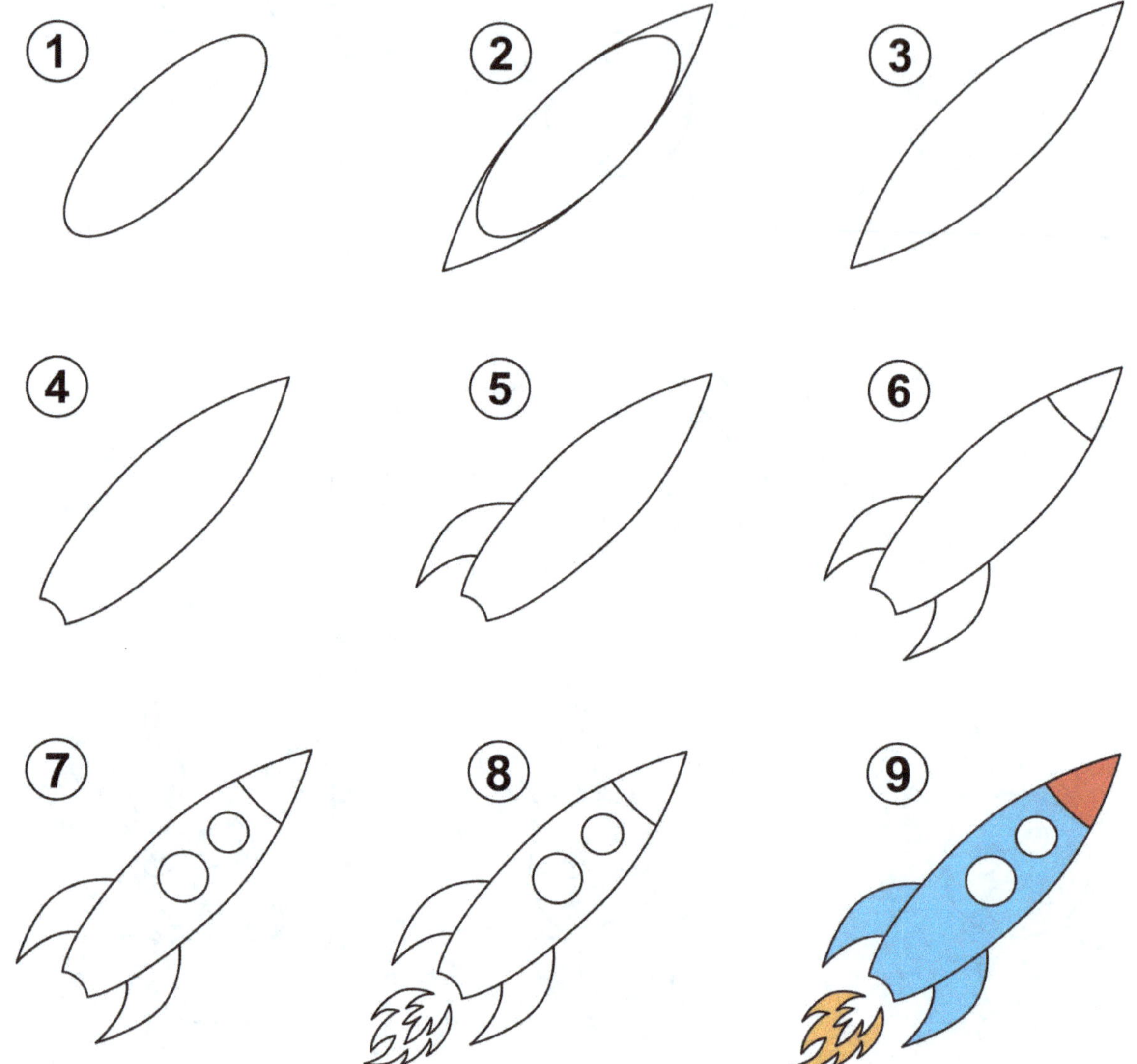

Serpiente

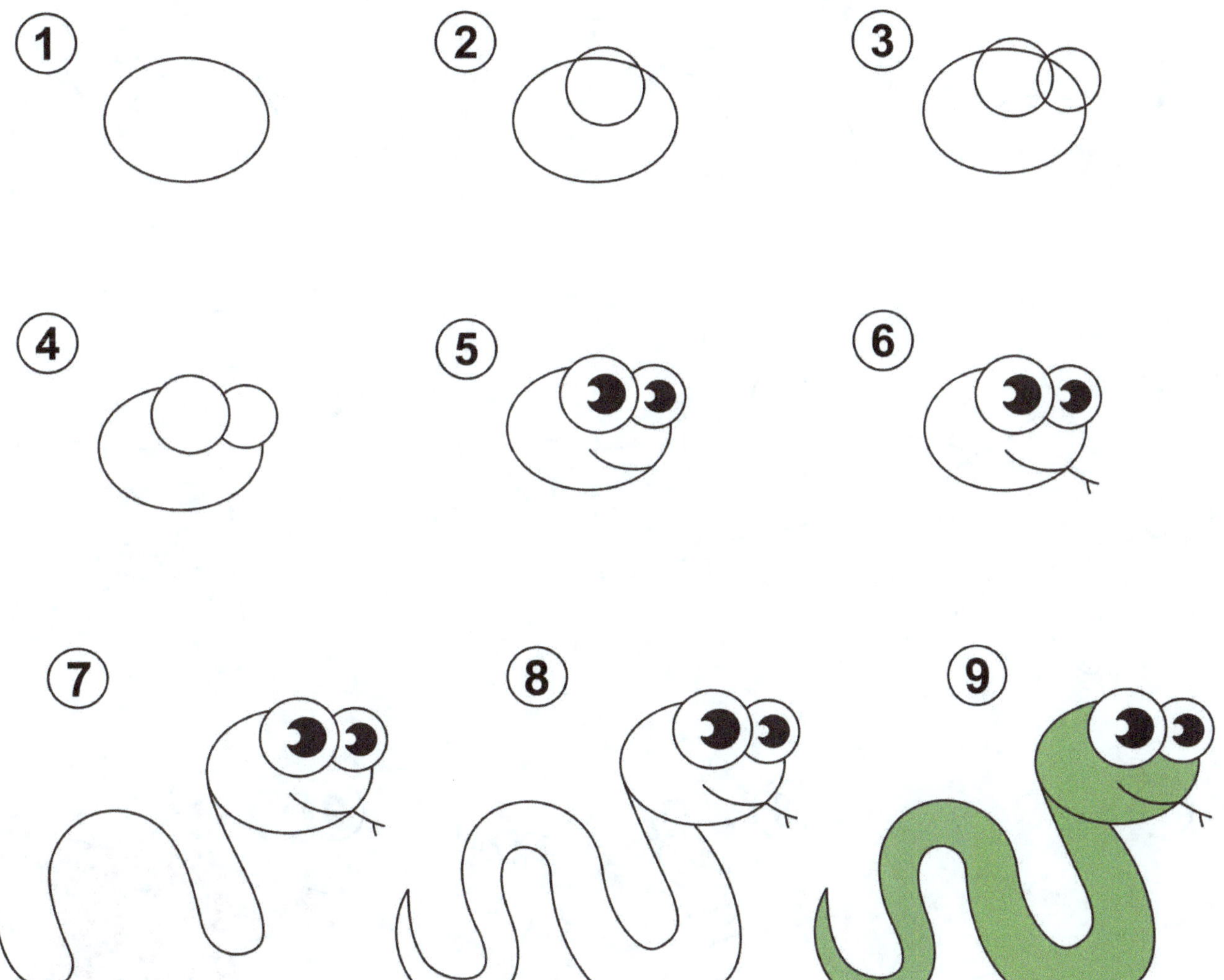

Estrella de mar

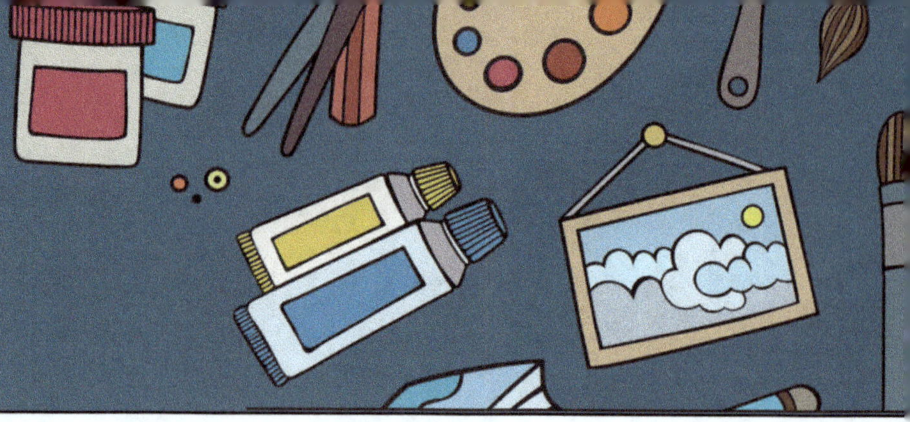

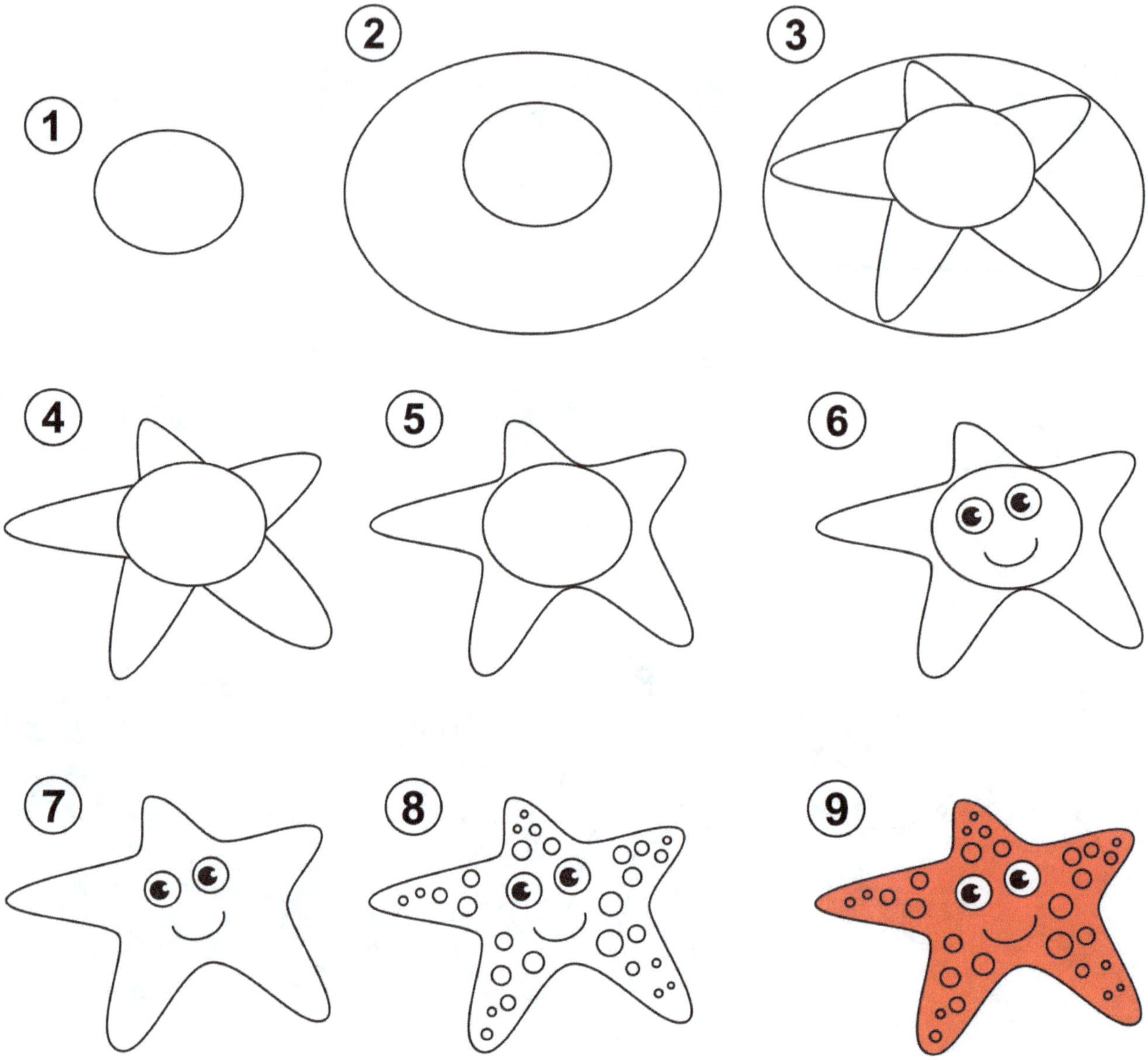

Sol

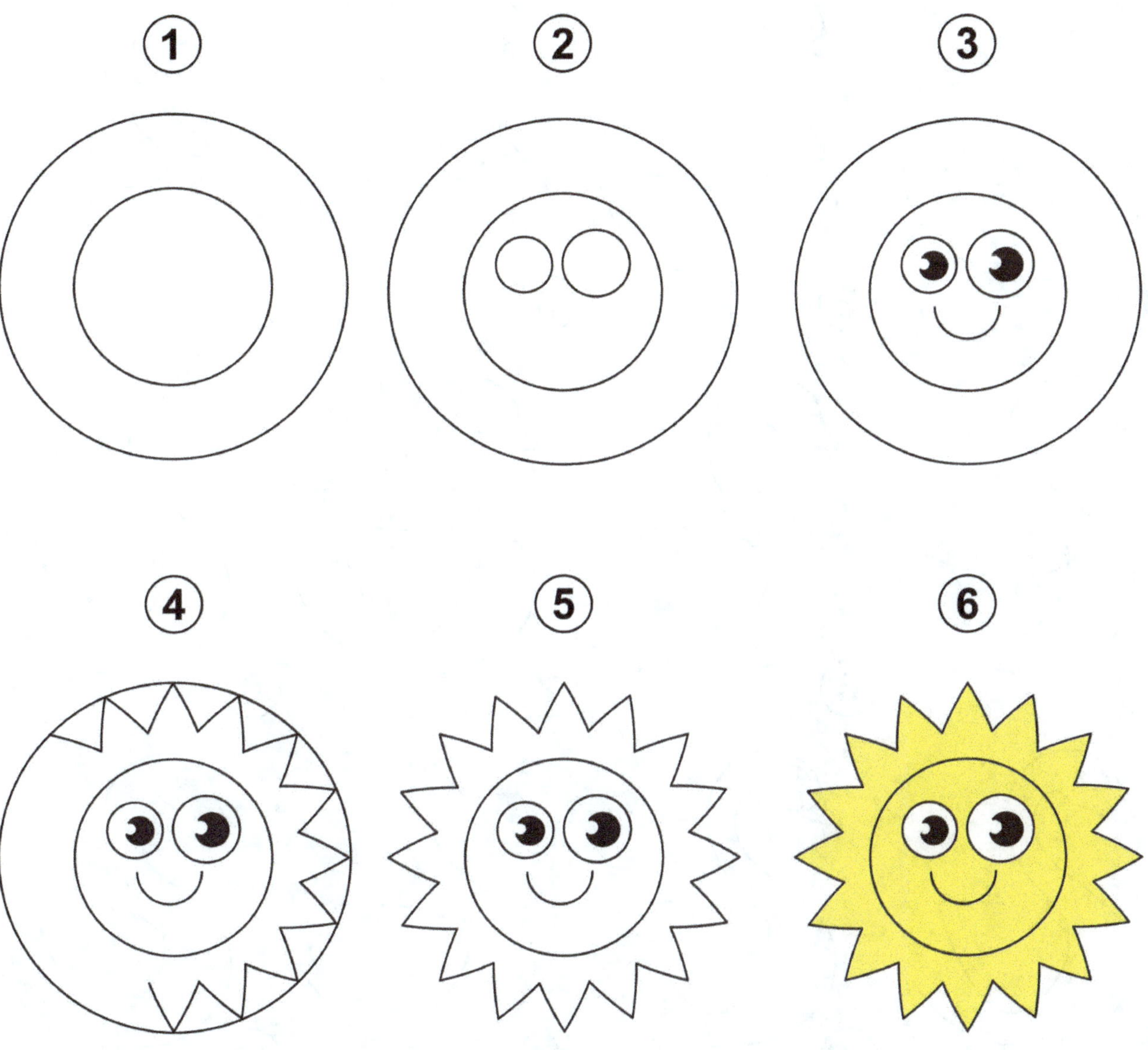

Cisne

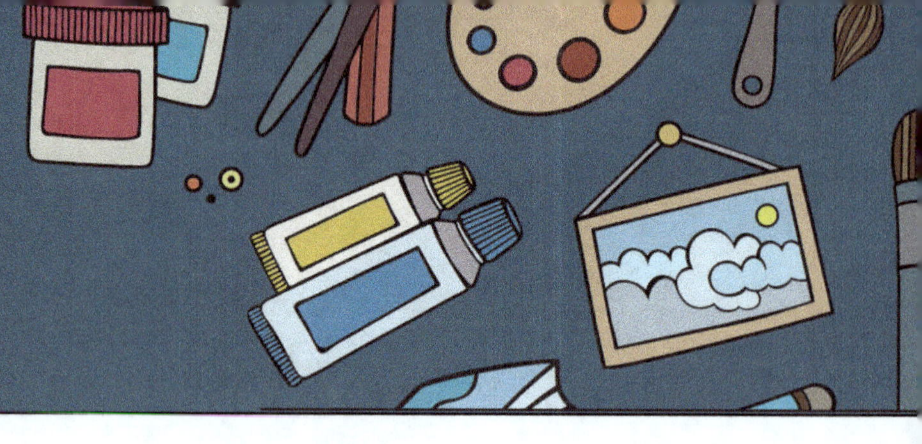

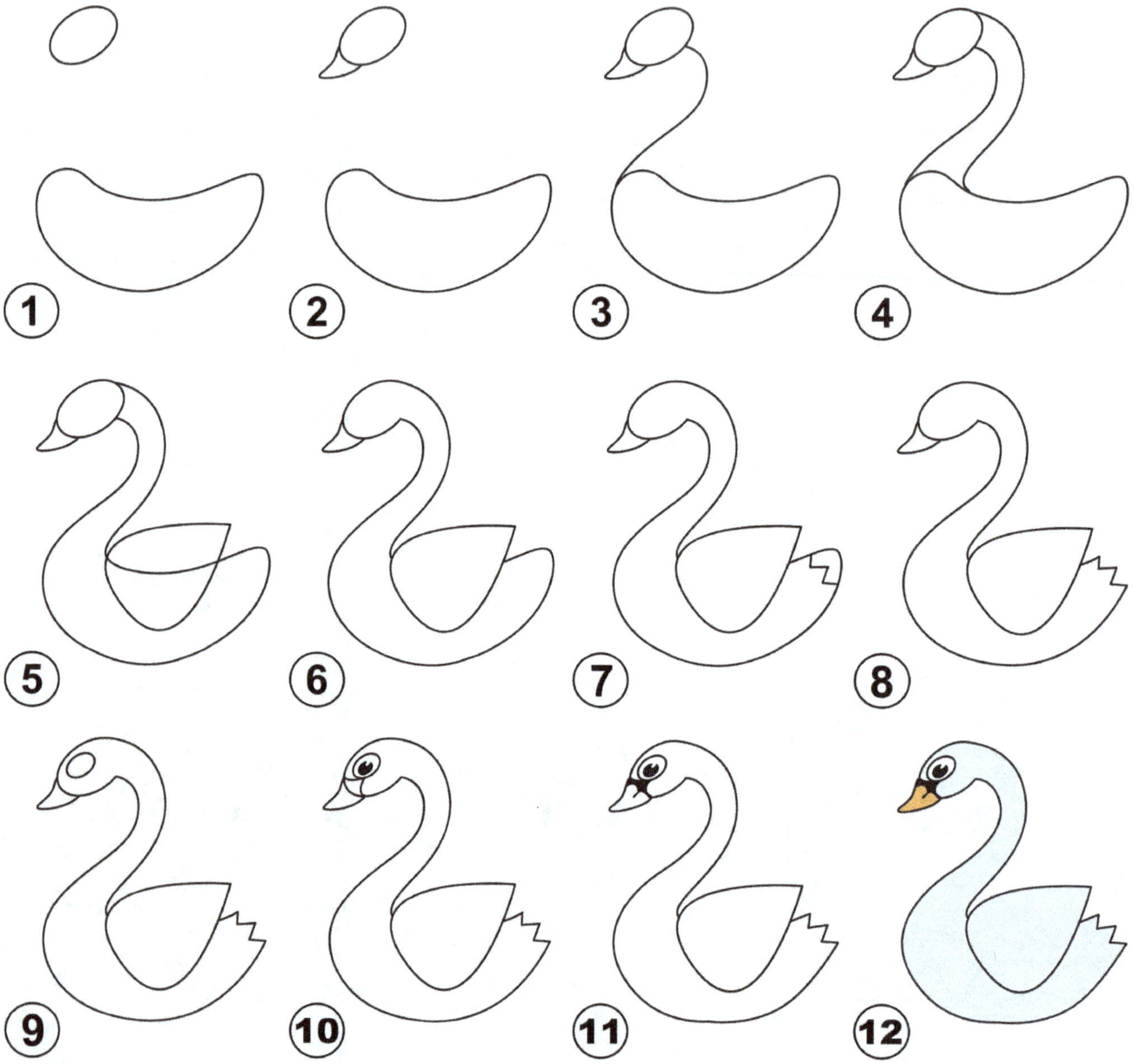

Taburete de sapo

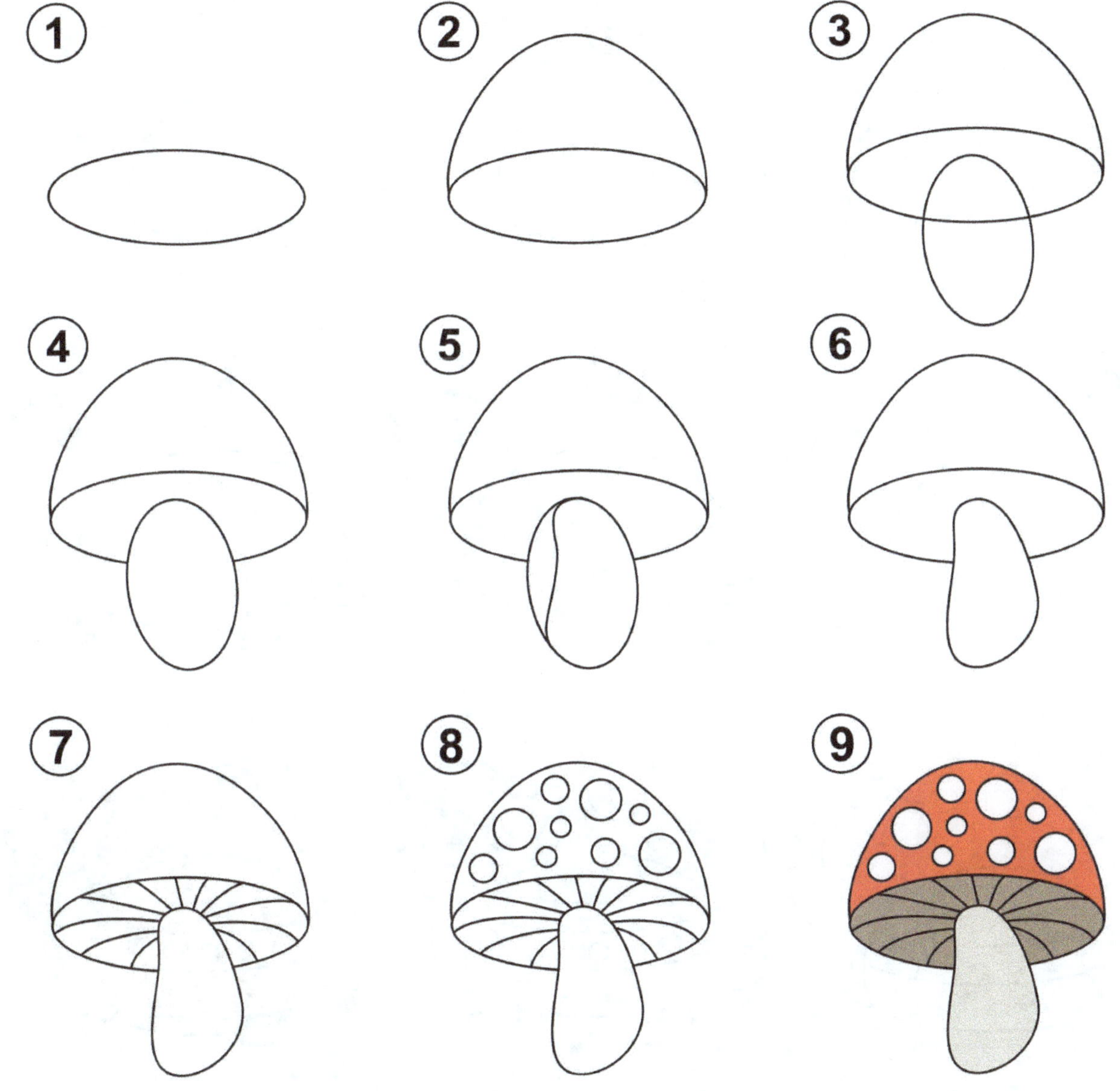

Tortuga

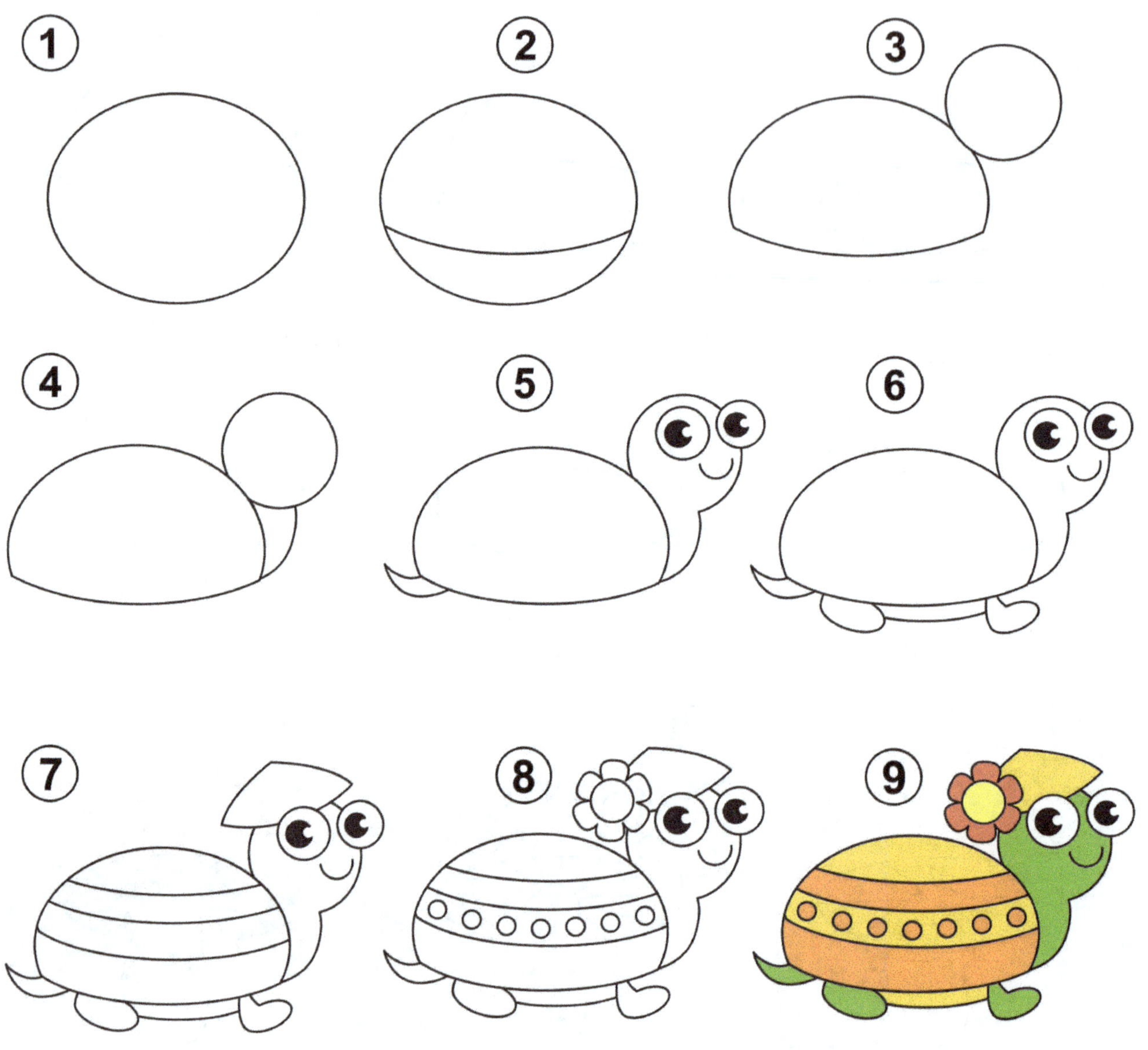

Paraguas

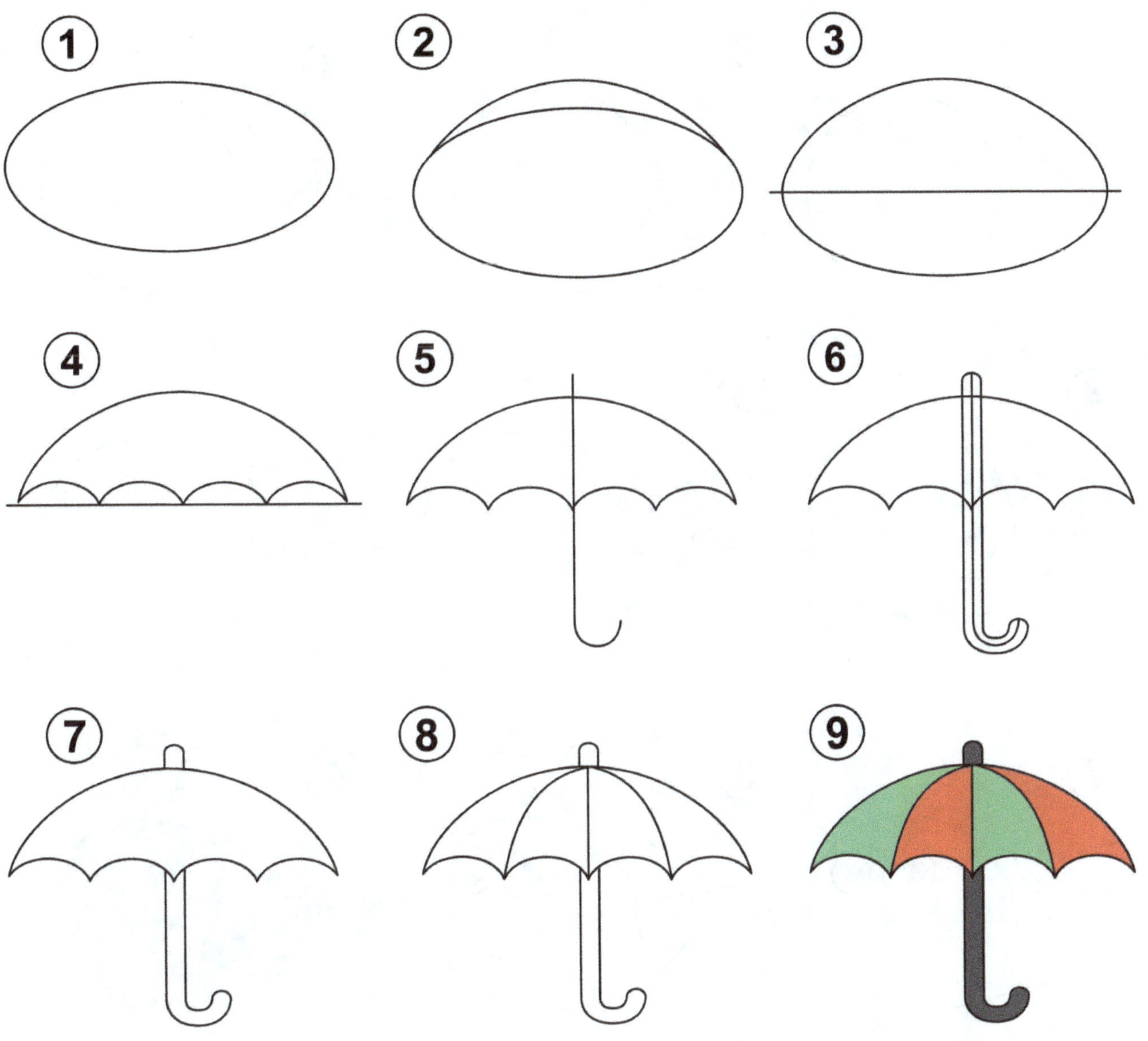

Ballena

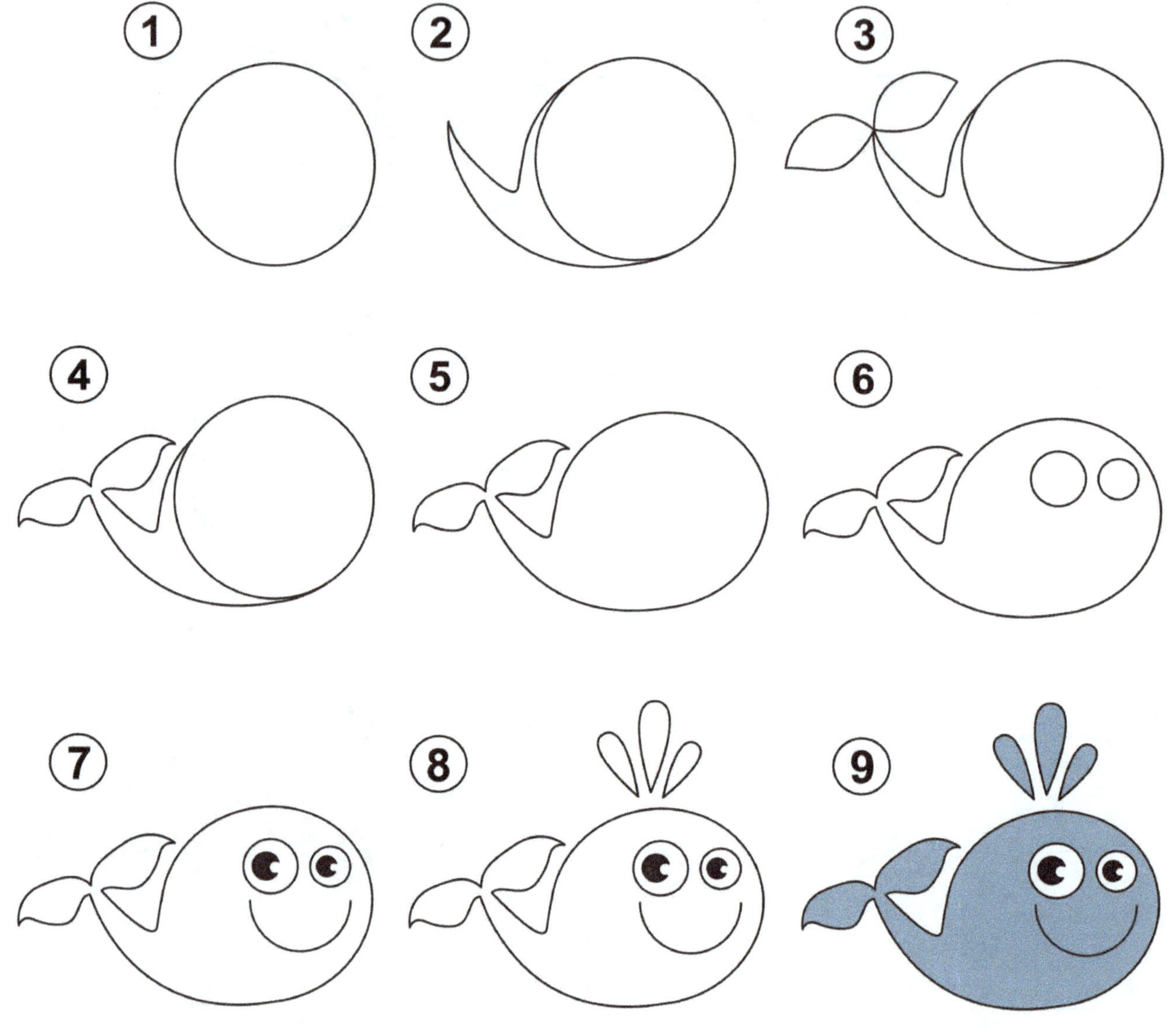

Yak

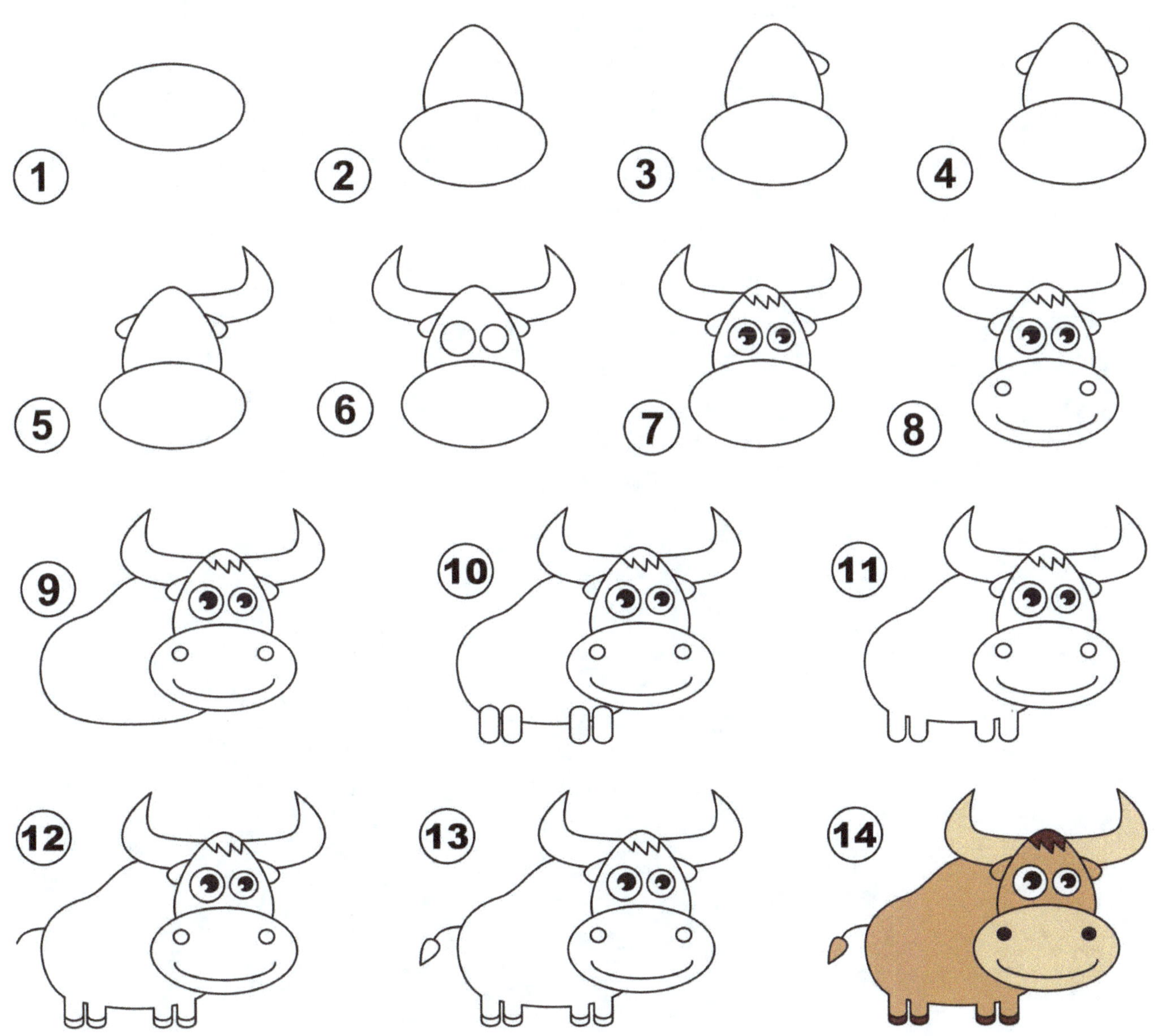